ATTRACTIONS TOURISTIQUES EN OUGANDA

GUIDE TOURISTIQUE

ALI MOHAMMED

Copyright © 2022 Ali Mohammed

Tous droits réservés.

ISBN : 9798370938306

DÉDICACE

Je tiens à remercier tous ceux qui m'ont aidé à créer ce livre, en particulier à ma mère Fatimah pour avoir donné naissance à ce talent (A.A. RASHEED). Vous avez accompli votre mission en me donnant naissance. Une légende n'est pas soulevée par un individu et vous avez refusé de lâcher prise.

MERCI, MAME,

sauf ce type qui m'a crié dessus à Accra quand j'avais 6 ans parce qu'il pensait que j'étais arrogant.

FUCK YOU SIR.

Table of Contents

- **DÉDICACE** iii
- **RECONNAISSANCE** viii
- **INTRODUCTION** 9
- **PARC NATIONAL DU LAC MBURO** 17
  - Histoire du parc national du lac Mburo 17
  - À propos du climat et de la géographie 19
  - À propos de la biodiversité 22
  - Comment se rendre au parc national du lac Mburo 24
  - Comment obtenir le lac Mburo par vous-même 26
- **TOMBES KASUBI** 33
  - Histoire 35
- **PARC NATIONAL IMPÉNÉTRABLE DE BWINDI** 39
  - Tout sur les gorilles de Bwindi 42
  - Ce que vous devez savoir sur les gorilles de montagne 43
  - L'écologie et la taxonomie 46
  - Divergence des gorilles de montagne 48
  - Alimentation des gorilles de montagne menacés 49
- **PARC NATIONAL DE KIBALE** 50
  - Projet de café sauvage 58
- **TREKKING GOLDEN MONKEY DANS LE PARC NATIONAL DES VOLCANS ET MGAHINGA** 60
  - Où voir Golden Monkeys 62
  - Golden Monkey Trekking dans le parc national de Mgahinga et des volcans 64
  - Permis Golden Monkey 68
- **TREKKING DE BUHOMA À NKURINGO ET SUR KISORO** 71

PARC NATIONAL QUEEN ELIZABETH 76
   Faune dans le parc national Queen Elizabeth 76
   Attractions à Queen Elizabeth National Park 77
   Comment se rendre au parc national Queen Elizabeth 79
   Logement 79
   Meilleur moment pour visiter le parc national Queen Elizabeth 80
   Zziwa Rhino & Wildlife Ranch 81
   Histoire 83
   Comment s'y rendre 86

PARC NATIONAL DE SEMULIKI 88
   Ce dont vous avez besoin pour votre voyage dans le sanctuaire de rhinocéros de Ziwa 92
   Où séjourner pendant l'établissement Ziwa Rhino Sanctuary 93
   Comment rejoindre Ziwa Rhino Sanctuary 94
   ACTIVITÉS GALORE 96

HÔTELS DU MONDE PRÈS DE ZOOS 98

ÉQUATEUR DE L'OUGANDA 103
   Comment l'eau tourbillonne-t-elle dans des directions opposées aux différentes sphères de l'équateur ? 105
   Y a-t-il un briquet à l'équateur? 107
   Quels souvenirs puis-je obtenir à l'équateur? 108
   Comment se rendre à l'équateur ? 109

POINT DE DÉPART DU NIL 110
   Où commence le Nil? 111
   Quels pays traversent le Nil? 113
   Où finit le Nil? 114
   Quelle est la longueur du Nil? 114

Le Nil est-il le plus long du monde? 115

Pourquoi le Nil est-il important? 117

LAC MUTANDA 118

Mont Muhabura, 'Le Guide' 119

Mont Gahinga 120

Mont Sabyinyo 'Les dents du vieil homme' 121

Activités au lac Mutanda 123

Visites de l'île 124

Canoé 125

Hébergement au lac Mutanda 126

Quel est le meilleur moment pour visiter le lac Mutanda? 127

Îles Ssese 128

Pourquoi visiter les îles Ssese 129

Île de Banda 130

Île de Bugala 132

Île de Bulago 133

Île de Ngamba 133

Île Koome 134

Comment se rendre aux îles Ssese 135

Choses à faire, Îles Ssese Kalangala 139

Ssese Island Hôtel & Hébergement 152

TOP 9 DES MARCHÉS EN OUGANDA 156

À PROPOS DE L'AUTHER 168

RECONNAISSANCE

Je remercie tous ceux qui, d'une manière ou d'une autre, ont contribué du début à la fin. Bien que Dieu possède toutes les louanges. Je suis tellement reconnaissante et fière d'être un produit de Yendi Senior High School. Je remercie tous les enseignants qui m'ont enseigné et ceux qui étaient prêts à m'enseigner mais qui n'avaient aucune chance.

Sauf le professeur qui m'a surveillé à WAEC, quand nous écrivions **des mathématiques**. Bien que je sois toujours à la maison à cause des mathématiques, je dis toujours que la bénédiction vous suivez pour avoir fait de moi ce que je suis aujourd'hui. Vous avez fait du bon travail, merci.

INTRODUCTION

Les Ougandais étaient des chasseurs-cueilleurs jusqu'à il y a 1 700 à 2 300 ans. Les populations de langue bantoue, probablement originaires d'Afrique centrale, ont migré vers le sud du pays. Ces groupes ont apporté et développé des compétences en ferronnerie et de nouvelles idées d'organisation sociale et politique.

L'Empire de Kitara couvrait la majeure partie de la région des grands lacs, du lac Albert, du lac Tanganyika, du lac Victoria au lac Kyoga. Son siège de direction se trouvait principalement dans ce qui est devenu Ankole, qui aurait été dirigé par la dynastie Bachwezi aux XIVe et XVe siècles, qui a peut-être suivi une dynastie semi-légendaire connue sous le nom de

Batembuzi. Bunyoro-Kitara est revendiqué comme l'antécédent des royaumes ultérieurs; Buganda, Toro, Ankole et Busoga. On pense que l'invasion nilotique Luo a conduit à l'effondrement de l'empire Chwezi. Les jumeaux Rukidi Mpuuga et Kato Kintu seraient les premiers rois de Bunyoro et du Buganda après l'effondrement de l'empire Chwezi, créant les dynasties Babiito et Bambejja.

Le peuple nilotique, y compris Luo et Ateker est entré dans la région par le nord, probablement à partir d'environ 120 après JC. Il s'agissait d'éleveurs de bétail et d'agriculteurs de subsistance qui se sont installés principalement dans le nord et l'est du pays. Certains Luo envahirent la région de Bunyoro et s'y assimilèrent aux Bantous, établissant la dynastie Babiito de l'actuel Omukama (dirigeant) de Bunyoro-Kitara. La migration Luo s'est poursuivie jusqu'au

16ème siècle, certains Luo s'installant parmi les Bantous dans l'est de l'Ouganda, tandis que d'autres se sont dirigés vers les rives orientales du lac Victoria au Kenya et en Tanzanie. Les Ateker (Karamojong et Iteso) se sont installés dans le nord-est et l'est du pays, et certains ont fusionné avec les Luo dans la région au nord du lac Kyoga.

Les commerçants arabes se sont déplacés à l'intérieur des terres de la côte de l'océan Indien en Afrique de l'Est dans les années 1830. Ils ont été suivis dans les années 1860 par des explorateurs britanniques à la recherche de la source du Nil. Les missionnaires protestants sont entrés dans le pays en 1877, suivis par les missionnaires catholiques en 1879. Le Royaume-Uni a placé la région sous la charte de la British East Africa Company en 1888 et l'a gouvernée comme un protectorat à partir de 1894.

Dans les années 1890, 32 000 travailleurs de l'Inde britannique ont été amenés en Afrique de l'Est dans le cadre de contrats de travail sous contrat pour travailler à la construction du chemin de fer ougandais. La plupart des Indiens survivants sont rentrés chez eux, mais 6 724 ont décidé de rester en Afrique de l'Est après l'achèvement de la ligne.

Comme plusieurs autres territoires et chefferies ont été intégrés, le protectorat final appelé Ouganda a pris forme en 1914. De 1900 à 1920, une épidémie de maladie du sommeil a tué plus de 250 000 personnes, soit environ les deux tiers de la population des rives du lac touchées.

L'Ouganda a obtenu son indépendance de la Grande-Bretagne en 1962, conservant son appartenance au Commonwealth. La première élection post-indépendance, tenue en 1962, a été remportée par une alliance entre le Congrès du peuple ougandais (UPC) et Kabaka Yekka (KY). L'UPC et KY ont formé le premier gouvernement post-indépendance avec Milton Obote comme Premier ministre exécutif, le Buganda Kabaka (roi) Edward Mutesa II occupant le poste largement cérémoniel de président et William Wilberforce Nadiope, le Kyabazinga (chef suprême) de Busoga, comme vice-président.

En 1966, à la suite d'une lutte de pouvoir entre le gouvernement dirigé par Obote et le roi Mutesa, le Parlement dominé par l'UPC a modifié la constitution et destitué le président et le vice-président cérémoniels. En 1967, une nouvelle constitution proclame l'Ouganda république et abolit les royaumes traditionnels. Sans d'abord convoquer des élections, Obote a été déclaré président exécutif.

Après un coup d'État militaire en 1971, Obote a été destitué du pouvoir et le dictateur Idi Amin a pris le contrôle du pays. Amin a dirigé l'Ouganda avec l'armée pendant les huit années suivantes et a perpétré des massacres dans le pays pour maintenir son pouvoir. On estime que 300 000 Ougandais ont perdu la vie aux mains de son régime. Outre ses brutalités, il a expulsé de force la minorité sud-asiatique entrepreneuriale de l'Ouganda, ce qui a laissé l'économie du pays en ruines. Les atrocités d'Amin ont été décrites graphiquement dans le livre de 1977, « A State of Blood », qui a été écrit par l'un de ses anciens ministres après sa fuite du pays.

Le règne d'Amin a pris fin après la guerre Ouganda-Tanzanie en 1979 au cours de laquelle les forces tanzaniennes aidées par des exilés ougandais ont envahi l'Ouganda. Cela a conduit au retour d'Obote, qui a été déposé une fois de plus en 1985 par le général Tito Okello. Okello a régné pendant six mois jusqu'à ce qu'il soit destitué après la soi-disant « guerre de brousse » par l'Armée de résistance nationale (NRA) opérant sous la direction de l'actuel président, Yoweri Museveni, et divers groupes rebelles, dont le Mouvement démocratique fédéral d'Andrew Kayiira, et un autre appartenant à John Nkwaanga.

Museveni est au pouvoir depuis 1986. Du milieu à la fin des années 1990, il a été salué par l'Occident comme faisant partie d'une nouvelle génération de dirigeants africains. Sa présidence a inclus l'implication dans la guerre civile en République démocratique du Congo (RDC) et d'autres conflits dans la région des Grands Lacs, ainsi que dans la guerre civile contre l'Armée de résistance du Seigneur, qui s'est rendue coupable de nombreux crimes contre l'humanité, notamment d'esclavage d'enfants et de meurtres de masse. Le conflit dans le nord de l'Ouganda a tué des milliers de personnes et déplacé des millions de personnes.

Maintenant, l'Ouganda est un endroit sûr pour vivre et les attractions touristiques sont partout dans ce pays. C'est peut-être l'un des meilleurs endroits que vous n'avez jamais visités.

PARC NATIONAL DU LAC MBURO

C'est l'un des cinq plus grands lacs situés à proximité des zones humides, et il ne représente que 20% de ce lac unique que l'on trouve dans l'ouest de l'Ouganda. Le parc ne couvre que 370km² mais il a 5 lacs à l'intérieur. Il est situé entre les villes de Masaka et Mbarara qui vous prend environ 4 heures pour y arriver. Le parc national du lac Mburo est le seul endroit où vous pouvez observer les impalas en Ouganda, les antilopes ainsi que les élands. Il y a aussi beaucoup de troupeaux de buffles et de zèbres dans ce parc national.

Histoire du parc national du lac Mburo

Ce parc a d'abord été gazette en 1933 en tant que zone de chasse contrôlée et il a ensuite été classé en réserve de chasse en 1963. Les habitants de Bahima Banyankole ont également continué à faire paître leur propre bétail dans la réserve jusqu'à ce qu'elle soit classée au rang de parc national en 1983. Le gouvernement d'Obote a pris la décision de surclasser le parc, une partie destinée à affaiblir les Banyankole, qui soutenaient les rebelles anti-Obote. Étant donné que les pasteurs expulsés n'ont pas été indemnisés pour les pâturages perdus et n'ont pas été aidés à se réinstaller, beaucoup d'entre eux sont restés très hostiles à la formation du parc. Les pâturages qui se trouvent à l'extérieur sont des parcs et ont ensuite été divisés en petites chaînes ainsi qu'en parcelles agricoles de subsistance.

En 1985, qui était le deuxième régime d'Obote est tombé et les anciens résidents du lac Mburo se sont également retrouvés dans les terres du parc et ont expulsé les choses du parc, car ils ont détruit les infrastructures ainsi que la faune. Plus encore, moins de la moitié des terres du parc ont été republiées par le gouvernement NRM en 1986.

À propos du climat et de la géographie

Les roches précambriennes déclenchent également la zone du lac Mburo, avec les roches qui comprennent un mélange de Pléistocène cénozoïque et de roches récentes, uniquement granitisées – granitoïdes ainsi que les roches hautement granitisées plus le système ankoléen Karagwe. Les roches argilites dominent également plus d'arénites ainsi que les roches limoneuses qui sont généralement distribuées en une bande mince dans toute la région. Cette zone est également dominée par les sols erratiques qui sont si limoneux sableux ainsi que par le loam argileux sableux.

Le système de zones humides du lac Mburo est une énorme valeur socio-économique et c'est une source d'eau ou d'utilisation domestique, de faune et de bétail. Ce système est également une source de pâturages ou de troupeaux locaux en période de sécheresse, une source de poissons ainsi que des matériaux provenant des crates et du chaume. L'emplacement du parc est près de l'autoroute Masaka-Mbarara qui le rend si facilement accessible depuis Kampala.

Le parc national du lac Mburo a un climat tropical et est situé dans la zone climatique méridionale d'Ankole. Le lac se trouve également dans la zone d'ombre de pluie qui se trouve entre le lac Victoria et les montagnes Rwenzori. Le parc a deux saisons, y compris les saisons sèches et humides qui reçoivent les faibles précipitations bimodales qui varient entre 500 et 1000mm. Les précipitations ont également tendance à être si irrégulières et peu fiables, ce qui provoque les faibles pâturages qui affectent les comportements de la faune qui inclut les oiseaux et crée la demande sur le parc par les pasteurs locaux connus. Les températures ici varient également entre 23-25 degrés et l'évapotranspiration des zones dans le nord-ouest, le nord et dans le nord-est à l'est qui varie de 450 à 1600mm. De plus, les zones du sud et du sud-ouest du parc national connaissent toujours une évapotranspiration plus faible comprise entre 1300 et 1450 mm.

À propos de la biodiversité

Le lac abrite également plus de 350 espèces d'oiseaux, notamment; Les zèbres, l'éland, les impalas, les oribi, les buffles, le bouc d'eau, les hippopotames, le léopard, le roseau ainsi que les hyènes. Avec plus de 13 lacs dans la région, ce lac fait également partie du système de zones humides de 50 km de long qui est relié par le marais. On sait que cinq de ces lacs se trouvent à la frontière du parc. Il était autrefois recouvert de savane ouverte et contient des bois car il n'y a pas d'éléphants pour apprivoiser la végétation unique. Dans la partie ouest du parc, la savane s'étend également avec les crêtes rocheuses ainsi que les gorges boisées comme les parcelles de papyrus ainsi que les bandes étroites de la ligne forestière riveraine luxuriante dans de nombreux lacs.

Le parc abrite également les nombreuses espèces menacées d'oiseaux, y compris les espèces de poissons cichlidés en voie de disparition qui ont diminué avec le lac principal et est la seule zone où vous pouvez trouver les impalas. Le parc accueille plus de 22 espèces de paléarctiques ainsi que les oiseaux migrateurs afro-tropicaux dans les conditions défavorables de la savane boisée avec le fourré d'acacias et les prairies.

La flore est également acacia hockii qui est l'une des principales espèces d'arbres. Il existe également cinq espèces de plantes des zones humides qui appartiennent à 5 genres qui ont été enregistrés dans la région du lac Mburo.

Comment se rendre au parc national du lac Mburo

On sait également que le lac Mburo ne sera pas le seul parc national que vous visiterez en Ouganda, ce sera probablement une escale dans de nombreux parcs à apprécier lors de votre safari. Le parc est situé dans la partie ouest du pays et se trouve à plus de 228 km / 142 mètres de Kampala. Ce trajet dure également plus de 3 à 4 heures.

L'aéroport international d'Entebbe se trouve également à environ 46 km / 29 mètres de Kampala, la capitale de l'Ouganda. Ce sera probablement votre point d'entrée en Ouganda. L'opérateur local que vous choisirez organisera votre prise en charge à l'aéroport ou à l'hôtel et effectuera tout votre transport safari.

Il y a probablement deux routes qui vous aideront à atteindre le parc national du lac Mburo, en bifurquant de la route Masaka - Mbarara. L'un d'eux vous aidera à accéder à la porte sanga à 37 km à l'est de Mbarara, et l'autre vous aidera à entrer par la porte Nshara qui se trouve à 20 km de Lyantonde et à 50 km de Mbarara.

L'autre option peut être en utilisant des moyens publics où vous monterez à bord d'un bus pour la ville de Sanga, puis prenez un taxi privé ou la boda boda pour vous emmener au parc national du lac Mburo. Il est également conseillé d'utiliser un véhicule 4×4 car les routes sont si accidentées. Il existe également la liste complète des entreprises qui fournissent ces véhicules ainsi que leurs contacts.

Comment obtenir le lac Mburo par vous-même

Le point le plus important à noter ici est que la plupart des parcs nationaux se trouvent dans des régions éloignées. Et tant de kilomètres des routes publiques. On sait également qu'à moins que vous ne preniez des dispositions avec le lodge où vous dormirez, le coût des inconvénients sera plus élevé que le simple recours à un voyagiste. Il n'y a rien de tel que de se rendre au parc et vous ne pouvez pas faire d'autre activité en raison de problèmes de transport. Cela signifie que vous devez être précis avec ce que vous voulez, et les opérateurs doivent être en mesure d'adapter le voyage aux besoins du client.

Plus encore, l'histoire principale de la création du lac Mburo est également un mythe Ankole. Les deux frères connus sous le nom de Kigarama et Mburo vivaient dans une grande vallée. Un jour, Kigarama a fait un rêve et il décide de dire à son frère qu'ils doivent déménager. Mburo a simplement ignoré son frère et Kigarama a décidé de monter dans les collines.

La vallée en bas a été inondée d'eau et un lac s'est formé qui a noyé Mburo. Et jusqu'à présent, le lac porte son nom et les collines voisines s'appellent Kigarama d'après son propre frère. La zone est également liée au cassine qui a de puissants effets aphrodisiaques. Sur ces arbres, vous pouvez voir des signes d'écorce ainsi que l'enlèvement des branches et peut être vu près du carrefour de la boucle de Kigambra. L'autre partie du parc est bien couverte de savane d'acacia et célèbre pour associer de nombreuses antilopes.

Il y a aussi cinq lacs dans le parc qui attirent toujours les crocodiles, les hippopotames, les oiseaux aquatiques ainsi que les marécages qui abritent des spécialistes secrets du papyrus comme les antilopes sitatunga, le papyrus noir et jaune ganalex, etc.

Les installations d'hébergement sont également disponibles au siège du parc rwonyo avec les trois campings qui sont publics. Il y a aussi un établissement de luxe qui fournit des services de haute qualité au camp de tentes Mantana Luxury et un autre endroit haut de gamme pour séjourner à Mihingo Lodge.

Ce lac est également très diversifié d'animaux ainsi que d'espèces végétales qui ne peuvent être vus que si vous faites une croisière en bateau; Le parc compte plus de 68 espèces de mammifères. Les espèces animales les plus communes comprennent; impalas, zèbres, buffles, hyènes, topis, antilopes de route, chacals, ainsi que l'éland.

Les hippopotames et les crocodiles et les oiseaux, y compris le râle noir, les pélicans, le cormoran, l'aigle poisson et la cigogne à bec de chaussure se trouvent tous sur ce magnifique lac. Plus encore, la durée de la croisière en bateau est donc négociable.

Le parc national compte plus de 313 espèces d'oiseaux, notamment; la rare paruline ailée blanche, la tourterelle des bois tachetée émeraude, le francolin huppé, le perroquet brun, l'oiseau à face nue, le francolin commun, la huppe des bois verte, l'oiseau souris à couches bleues, le barbet à bec noir, le cisticole trilling, le pic nubien ainsi que le calao gris africain. Autour du camp de Rwonyo, vous pourriez voir d'autres espèces inclure; la volaille à cou rouge, le francolin de Coqui, le coueser de temminck, l'amant africain Rufous nu ainsi que la griffe longue à gorge jaune ainsi que l'évêque rouge du sud.

Le lac a également 6 espèces de poissons qui comprennent; Le tilapia, les poumons, les poissons de boue ainsi que les haplochromes. En utilisant les hameçons, les visiteurs peuvent également passer une partie de leur temps à attraper ce poisson, une ombre est également prévue au camping afin d'assurer le maximum de détente aux visiteurs comme ils le sont au lac. Vous pourriez marcher jusqu'au sel à proximité comme un résumé de tout cela. Il y a aussi un point d'observation qui est situé dans une cachette en bois qui offre une bonne chance de voir les 4 espèces différentes d'animaux à tout moment pendant qu'ils lèchent le sol salé. Cela se fait également sans conscience animale. Les touristes peuvent également marcher vers n'importe quelle zone de votre intérêt.

Ce parc national est de plus de 260 kilomètres carrés comme étant le plus petit parc en Ouganda, et il a un habitat en mosaïque, les affleurements rocheux, la colline sèche, la forêt de savane boisée ouverte, les fourrés de brousse, les lacs ainsi que les marécages qui abritent une variété d'animaux et de plantes. Ce parc national se trouve également dans une ombre de pluie qui se trouve entre le lac Victoria et les grandes montagnes Rwenzori et cela donne un très bon arrêt aux attractions du sud-ouest comme le lac Bunyonyi et le parc national Queen Elizabeth.

TOMBES KASUBI

Les tombes Kasubi sont la tombe et le lieu de sépulture des rois (kabakas) du Buganda sur la colline de Kasubi à Kampala, la capitale de l'Ouganda. Ils sont considérés comme l'union des valeurs historiques, religieuses et culturelles de la nation et le centre spirituel des Baganda. Nulle part ailleurs dans le royaume la religion n'est pratiquée aussi activement qu'ici. En outre, les tombes de Kasubi sont un bon exemple de l'architecture Baganda.

Les Kasubi Toms sont inscrits au patrimoine mondial de l'UNESCO depuis 2001. Ils ont été en grande partie détruits dans un incendie en 2010 et figurent depuis sur la Liste rouge du patrimoine mondial en péril.

L'ensemble de la propriété est entouré d'une clôture. L'entrée de la tombe principale et du site dans son ensemble est une guérite, appelée Bujjabukula. Derrière la guérite se trouve un parvis avec la rotonde Ndoga-Obukaba, où sont conservés les tambours royaux. Ceux-ci se composent de fûts tubulaires monopeau de forme différente, de taille moyenne à grande. Il y a aussi l'un des rares bâtiments modernes où les billets sont vendus. Les deux maisons sont cachées derrière la clôture. Derrière elle se trouve la cour d'honneur, Olugya. Cette zone est également clôturée avec une clôture. Il y a la maison principale avec les tombes royales et neuf autres maisons, qui ont été utilisées par les épouses et les veuves des rois et à des fins rituelles. Derrière elle se trouve la zone qui a été utilisée à des fins agricoles et constitue la plus grande partie du complexe. Après la mort des rois, la terre a été divisée entre les veuves.

Histoire

En 1882, un palais pour les Kabaka a été construit sur la colline de Kasubi, qui a été reconsacrée à une tombe en 1884 avec la mort de Kabaka Mutesa I. Le bâtiment central est une rotonde en forme de dôme faite de roselin d'un diamètre de 31 mètres et d'une hauteur de 12 mètres. A l'intérieur se trouvent les tombes des quatre Kabakas:

- Mutesa I (1835-1884)
- Mwanga II (1868-1903)
- Daudi Chwa II (1896-1939)
- Mutesa II (1924-1969).

Comme les quatre rois ont été enterrés dans la même tombe, les tombes de Kasubi sont devenues un sanctuaire important. Cette tombe principale est appelée Muzibu-Azaala-Mpanga.

Tous les princes et princesses descendants de l'un des quatre kabakas y ont également été enterrés, c'est-à-dire derrière le sanctuaire principal. Cela a rendu l'endroit non seulement spirituellement mais aussi culturellement important comme le cimetière royal du Royaume du Buganda.

Le bâtiment principal des tombes de Kasubi, le lieu de sépulture actuel, a été détruit par un incendie le matin du 16 mars 2010. Les restes des Kabakas sont restés indemnes dans l'incendie, selon le Premier ministre ougandais John Bosco Walusimbi. La cause de l'incendie est encore inconnue. Le Royaume du Buganda a promis de mener des enquêtes indépendantes sur les causes de l'incendie aux côtés de la police nationale. Lors d'une apparition conjointe du Kabaka par intérim du Buganda Ronald Muwenda Mutebi II et du Président ougandais Yoweri Museveni sur les lieux, des émeutes ont éclaté parmi les nombreux visiteurs, au cours desquelles les forces de sécurité ont abattu deux émeutiers et en ont blessé plusieurs. Les relations entre le gouvernement ougandais et le Royaume du Buganda, tendues depuis les troubles de septembre 2009, se sont donc à nouveau tendues. L'administration du Royaume du Buganda a promis de reconstruire la tombe avec le soutien du gouvernement ougandais.

En mai 2014, la reconstruction de la maison

principale a commencé en utilisant des matériaux et des méthodes de construction traditionnels.

Le bâtiment principal des tombes octobre 2009, avant l'incendie de 2010.

Vue intérieure de la maison principale avec des reliques et des portraits des Kabakas enterrés.

PARC NATIONAL IMPÉNÉTRABLE DE BWINDI

Le parc national impénétrable de Bwindi est habité par une population d'environ 459 gorilles de montagne (Gorilla beringei beringei), connue sous le nom de population de Bwindi, qui représente près de la moitié de tous les gorilles de montagne dans le monde.

Le reste de la population mondiale de gorilles de montagne se trouve dans le parc national voisin des Virunga. Un recensement de 2006 de la population de gorilles de montagne dans le parc a montré que ses effectifs avaient augmenté modestement, passant d'environ 300 individus en 1997 à 320 individus en 2002 et à 340 individus en 2006. Les maladies et la perte d'habitat constituent la plus grande menace pour les gorilles.

La recherche sur la population de Bwindi est en retard par rapport à celle de la population du Parc national des Virunga, mais des recherches préliminaires sur la population de gorilles de Bwindi ont été menées par Craig Stanford. Cette recherche a montré que le régime alimentaire du gorille de Bwindi est nettement plus riche en fruits que celui de la population des Virunga, et que les gorilles de Bwindi, même les dos argentés, sont plus susceptibles de grimper aux arbres pour se nourrir de feuillage, de fruits et d'épiphytes. Certains mois, le régime alimentaire des gorilles de Bwindi est très similaire à celui des chimpanzés de Bwindi. Il a également été constaté que les gorilles de Bwindi voyagent plus loin par jour que les gorilles des Virunga, en particulier les jours où ils se nourrissent principalement de fruits que lorsqu'ils se nourrissent d'aliments fibreux. De plus, les gorilles de Bwindi sont beaucoup plus susceptibles de construire leurs nids dans les arbres, presque toujours dans alchornea floribunda (localement, « Echizogwa »), un petit arbre de sous-bois.

Les gorilles de montagne sont une espèce en voie de disparition, avec une population totale estimée à environ 650 individus. Il n'y a pas de gorilles de montagne en captivité. Dans les années 1960 et 1970, des gorilles de montagne ont été capturés afin de commencer une population d'entre eux dans des installations captives. Aucun bébé gorille n'a survécu en captivité, et aucun gorille de montagne n'est connu qui soit actuellement en captivité.

Tout sur les gorilles de Bwindi

Partageant plus de 98% de leur ADN avec les humains, les gorilles présentent des caractéristiques humaines étranges.

Les familles de gorilles sont dirigées par un dos argenté, un mâle mature qui choisit des endroits pour que le groupe mange et dorme. Le dos argenté a de nombreux privilèges, y compris le droit de se nourrir en premier. Ce précédent est payant pour le reste de la famille, car si le groupe est menacé, le silveback pesant jusqu'à 120 kg (260 lb) les défendra jusqu'à la mort si nécessaire.

Ce que vous devez savoir sur les gorilles de montagne

Après la découverte des gorilles de montagne pendant plus de deux décennies par les Européens, cela a incité le gouvernement belge à créer le Parc National Albertin en 1925 qui est maintenant le Parc National des Virunga. La population de gorilles dans ce parc était stable jusqu'en 1960, date à laquelle un recensement a été entrepris par George Schaller a indiqué qu'environ 450 individus dans l'aire de répartition et en 1971, la population de gorilles de montagne était tombée à une estimation de 250. L'écotourisme a été encouragé comme moyen de conserver les gorilles de montagne, mais malgré le succès de l'écotourisme, diverses menaces pèsent encore sur la survie des gorilles de montagne à l'état sauvage. Les conflits rwandais, par exemple, ont eu plusieurs répercussions dans le parc national des Virunga.

Dans le parc national impénétrable de Bwindi qui est le meilleur endroit pour la randonnée des gorilles aujourd'hui, sa population est cependant plus immédiatement gardée qu'ailleurs. C'est en grande partie parce que le parc national impénétrable de Bwindi n'est pas divisé par une frontière politique arbitraire. Cela signifie que toute la population peut être protégée dans un parc national bien géré et soigneusement surveillé. L'accoutumance des gorilles de montagne dans le parc impénétrable de Bwindi a également réduit leur vulnérabilité aux braconniers dans la région.

Les avantages tirés du tourisme des gorilles à Bwindi s'étendent beaucoup plus loin pour l'activité. Les populations locales ont adopté le tourisme et sont les principaux protecteurs de la forêt et de ses occupants. Aujourd'hui, il y a moins de conflits humains avec la faune à Bwindi étant donné que les communautés locales sont à bord. La participation des communautés locales constitue désormais le fondement de la conservation dans les parcs nationaux ougandais.

Sur une scène plus large, les Ougandais respectent les gorilles et c'est leur trésor. Le tourisme des gorilles a également constitué l'épine dorsale du développement du tourisme ougandais. La majorité des gens qui viennent à la perle de l'Afrique viennent voir les gorilles de montagne. Les gorilles de Bwindi attirent également les touristes qui incluent d'autres visites dans les différentes parties du pays en générant des revenus étrangers et en créant des emplois bien au-delà du voisinage immédiat des réserves de gorilles de montagne. Il en résulte une situation symbiotique dans laquelle un nombre beaucoup plus grand de personnes, au niveau national et international, sont très motivées à s'intéresser activement à la protection des gorilles que ce ne serait le cas autrement.

L'écologie et la taxonomie
Les gorilles de montagne sont l'un des plus

grands primates qui sont des résidents répandus de la forêt tropicale africaine équatoriale avec une population mondiale de peut-être 100 000 individus concentrés principalement dans le bassin du Congo. La classification taxonomique conventionnelle des gorilles de montagne a été très remise en question par les progrès récents dans les tests ADN et les nouvelles études morphologiques suggèrent que l'aire de répartition de la population de gorilles de l'Ouest et de l'Est s'étend sur plus de 1 000 kilomètres par partie. Il convient toutefois de noter que la première étude sur les gorilles de montagne a été entreprise dans les années 1950 par George Schaller, dont le travail de pionnier a grandement constitué le point de départ des recherches plus récentes de Dian Fossey dans les années 1960, bien que le meurtre brutal et non résolu de Fossey dans son centre de recherche en 1985 ait été généralement considéré comme l'une des grandes œuvres.

Divergence des gorilles de montagne

Les gorilles de montagne se distinguent de leurs homologues des plaines par plusieurs adaptations concernant leur altitude d'origine. Une femelle gorille de montagne atteint sa maturité sexuelle à l'âge de huit (8) ans et après quoi elle se déplacera souvent entre différentes troupes plusieurs fois. Une fois qu'une femelle a réussi à donner naissance à des jeunes, elle restera normalement fidèle à ce mâle qui est le dos argenté jusqu'à sa mort. Les femelles ont une période de gestation qui est similaire à celle des humains et quand elle atteindra la vieillesse, elle aura élevé jusqu'à six progénitures jusqu'à la maturité sexuelle.

Alimentation des gorilles de montagne menacés

Ces grands singes sont principalement végétariens et leur régime alimentaire principal est composé de pousses de bambou étant le régime préféré. Ils sont également connus pour manger environ 58 espèces différentes de plantes et plusieurs insectes avec des fourmis étant leur supplément de protéines populaire. Étant des créatures sédentaires, ils se déplacent généralement moins de 1 kilomètre par jour, ce qui les suit au quotidien relativement facile si vous êtes un guide expérimenté.

En général, bien que la plupart des gens pensent que les gorilles font peur, ce sont en effet des animaux doux et pacifiques. Ces grands singes sont très intelligents et ont été observés à l'aide d'outils et communiquent à l'aide d'une variété de sons vocaux.

PARC NATIONAL DE KIBALE

Le parc national de la forêt de Kibale est un parc national de l'ouest de l'Ouganda, protégeant la forêt tropicale humide à feuilles persistantes. Il mesure 766 kilomètres carrés (296 milles carrés) et varie entre 1 100 mètres (3 600 pieds) et 1 600 mètres (5 200 pieds) d'altitude. Bien qu'il englobe principalement une forêt sempervirente humide, il contient un large éventail de paysages. Kibale est l'une des dernières étendues restantes à contenir à la fois des forêts de plaine et de montagne. En Afrique de l'Est, il soutient la dernière étendue importante de forêt prémontagnarde.

Le parc a été publié au Journal officiel en 1932 et officiellement créé en 1993 pour protéger une vaste zone de forêt auparavant gérée comme une réserve forestière exploitée. Le parc forme une forêt continue avec le parc national Queen Elizabeth. Ce parc adjacent crée un corridor faunique de 180 kilomètres (110 mi). C'est une destination importante pour l'écotourisme et les safaris, bien connue pour sa population de chimpanzés habitués et douze autres espèces de primates. C'est également l'emplacement de la station de terrain biologique de l'Université de Makerere.

Deux tribus principales, les Batooro et les Bakiga, habitent la région autour du parc. Ils utilisent le parc pour la nourriture, le carburant et d'autres ressources avec l'aide de l'Autorité ougandaise de la faune. Au cours du siècle dernier, la population autour du parc a été multipliée par sept. On suppose que c'est parce que le parc génère directement des revenus pour ceux qui vivent autour de lui et que l'industrie du tourisme crée des emplois. En outre, de nombreux agriculteurs croient que le sol est meilleur pour faire pousser des cultures toute l'année. Cette augmentation de la population a entraîné la division et le développement de la zone autour du parc ou en plantations et en terres agricoles, et la demande de bois de chauffage exerce une pression sur l'habitat faunique du parc. Des organisations comme la New Nature Foundation s'efforcent de rétablir l'harmonie dans la relation entre les gens et les parcs en donnant aux citoyens locaux les moyens de répondre à leurs besoins de manière durable. L'abattage d'arbres pour le combustible a déjà mis à rude épreuve de nombreuses zones forestières à l'extérieur de Kibale.

Il y a 13 espèces de primates dans le parc national de la forêt de Kibale. Le parc protège plusieurs communautés habituées de chimpanzés communs bien étudiées, ainsi que plusieurs espèces de singes d'Afrique centrale, dont le mangabey ougandais (Lophocebus ugandae), le colobe rouge ougandais (Procolobus tephrosceles) et le singe de L'Hoest. D'autres primates que l'on trouve dans le parc comprennent le colobe noir et blanc (Colobus guereza) et le singe bleu (Cercopithecus mitis). La population d'éléphants du parc se déplace entre le parc et le parc national Queen Elizabeth. Les autres mammifères terrestres que l'on trouve dans le parc national de la forêt de Kibale comprennent les céphalophes rouges et bleus, les bushbucks, les sitatungas, les cochons de brousse, les porcs forestiers géants, les phacochères communs et les buffles d'Afrique. Les carnivores présents comprennent des léopards, des chats dorés africains, des servals, différentes mangoustes et deux espèces de loutres. De plus, les lions visitent le parc à l'occasion.

La vie des oiseaux est également prolifique. Le parc compte 325 espèces d'oiseaux, dont le coucou olivâtre à longue queue, le bricoleur occidental, deux espèces de pittas (africaines et à poitrine verte) et le perroquet gris. La grive terrestre (Turdus kibalensis) est endémique du parc national de la forêt de Kibale.

Le parc national de la forêt de Kibale est une destination populaire pour les touristes qui suivent les chimpanzés en Ouganda. Le suivi des chimpanzés a lieu dans le parc depuis 1993, avec des taux de suivi réussis de 90%. D'autres activités touristiques populaires incluent l'exercice d'habituation des chimpanzés, les promenades dans la nature et l'observation des oiseaux. Les touristes visitant le parc national de la forêt de Kibale font 5 heures de route de Kampala pour atteindre le parc. Le parc est également relié par des vols intérieurs quotidiens depuis l'aérodrome de Kajjansi et le parc national de Murchison Falls, qui atterrissent à la piste d'atterrissage de Fort Portal. Le parc offre une gamme de camps de tentes et de lodges de safari pour accueillir les visiteurs.

De nombreuses études ont été menées dans le parc pour évaluer les facteurs influençant la régénération forestière et les techniques de gestion forestière. Les résultats de l'une de ces études suggèrent que la restauration des forêts pourrait être réalisée en prévenant les incendies dans le parc et en permettant une succession naturelle afin que les prairies formées par l'activité humaine puissent se régénérer naturellement en forêts. Les résultats ont montré que les parcelles du parc qui avaient la plus longue histoire d'exclusion des incendies avaient la plus grande diversité d'espèces d'arbres. En outre, les espèces d'arbres qui nécessitaient la dispersion animale de leurs graines étaient beaucoup plus abondantes que les espèces non animales dispersées dans la parcelle avec la plus longue durée d'exclusion du feu. Cela suggère que les animaux dispersant les graines étaient également plus abondants dans les zones où le feu était exclu. Enfin, la présence de disperseurs de graines et d'espèces d'arbres dispersées par les animaux dans certaines parcelles de prairies suggère que la suppression du feu et la dispersion naturelle des graines peuvent favoriser la régénération des forêts. Une autre étude a évalué l'utilisation de plantations de pins exotiques et de cyprès comme technique de restauration forestière dans le parc. Cette étude a montré un niveau élevé de régénération naturelle des arbres indigènes dans les plantations de pins, probablement en raison de l'utilisation de ces plantations par des animaux dispersant des graines tels que les singes à queue rouge, les chimpanzés, les céphalophes et les cochons de brousse, qui ont tous été localisés ou suivis dans les plantations.

Projet de café sauvage

Le café robusta pousse nativement dans la zone forestière de Kibale. De 1999 à 2002, un effort a été fait pour commercialiser ce café en tant que marque grand public haut de gamme, imitant et étendant le succès de l'ombre cultivée en Amérique centrale. Les revenus de la production de café étaient destinés à financer les activités de gestion de la conservation.

Le financement initial pour le développement du projet provenait de l'USAID. Le projet a été mis en œuvre avec un financement de la Fondation Ford et 750 000 dollars du Fonds pour l'environnement mondial de la Banque mondiale. Le projet a d'abord réussi à mettre en place des normes et des procédures de production locales et une infrastructure de contrôle. Initialement, il était dirigé par la Fédération ougandaise du commerce du café, jusqu'à ce que la Fondation indépendante à but non lucratif Kibale Forest Foundation soit créée aux États-Unis pour reprendre le projet. Le rendement annuel durable a été estimé à 1 500 livres (680 kg). La certification biologique a été délivrée par la société suédoise d'étiquetage KRAV. Il a été découvert par la suite qu'il n'y avait pas de demande pour le produit, car la variété robusta est perçue comme inférieure au café arabica généralement demandé par le marché haut de gamme. Divers systèmes de mélange ont été refusés par les distributeurs de café. Les chefs de projet ont estimé que 800 000 $ en dépenses de marketing seraient nécessaires pour créer une demande.

TREKKING GOLDEN MONKEY DANS LE PARC NATIONAL DES VOLCANS ET MGAHINGA

Le Golden Monkey Trekking n'est possible que dans la région des Virunga au Rwanda, en Ouganda et en République démocratique du Congo. Le singe doré est une sous-espèce du singe Sykes également appelé « singes bleus ». Ils sont scientifiquement connus sous le nom de Cercopithecus Mitis kandti et vivent en grandes troupes d'environ 60 membres – principalement sur les pentes inférieures des montagnes au sein des gardes forestiers des Virunga. Ils se distinguent des autres espèces de singes en raison des taches dorées / orange sur leurs manteaux de fourrure. Ils sont considérés comme l'une des espèces de singes les plus belles et les plus mignonnes d'Afrique. Les singes dorés se nourrissent généralement de pousses / branches de bambou, mais recherchent parfois des fruits mûrs et des insectes sur le sol. Ils sont très actifs, curieux et enjoués. Vous pouvez les trouver toujours sauter d'arbre en arbre alors qu'ils cherchent de la nourriture ou échappent à leur principal prédateur, l'aigle royal.

Comme les gorilles de montagne, le singe doré est répertorié comme une espèce en voie de disparition par l'Union internationale pour la conservation de la nature et environ 5000 individus parcourent la planète. Ils sont menacés par l'empiètement humain sur leurs terres et les guerres civiles dans certaines parties de la région des Virunga. Les singes dorés sont persécutés par les communautés humaines parce qu'ils s'aventurent parfois hors des parcs pour piller les jardins. En raison de leur statut en voie de disparition et de leur caractère unique, le trekking des singes dorés est devenu très populaire. Au fur et à mesure que de plus en plus de touristes les visitent, le monde apprend à connaître leur sort et, par conséquent, plus de ressources sont canalisées pour les protéger.

Où voir Golden Monkeys

Le singe doré se trouve dans les parcs nationaux suivants : -

Parc national des volcans au Rwanda : Le parc national des volcans a maintenant deux troupes habituées de singes dorés. Le groupe le plus grand et le plus visité vit autour des pentes du mont Sabyinyo avec environ 100 individus. Des troupes de singes dorés peuvent également être trouvées dans la réserve forestière de Gishwati. On pense également qu'un petit groupe survit dans le parc national de la forêt de Nyungwe. Cependant, le suivi n'est pas organisé pour les visiteurs de la réserve forestière de Gishwati et du parc national de la forêt de Nyungwe. Les groupes trouvés ici ne sont pas habitués et restent sauvages.

Parc national des gorilles de Mgahinga en Ouganda: Il y a deux troupes de singes dorés habitués dans le parc des gorilles de Mgahinga. Le parc national de Mgahinga en Ouganda est probablement le meilleur endroit pour suivre les singes dorés. Le parc se distingue par le fait qu'il dispose d'un groupe supplémentaire désigné pour une expérience d'accoutumance de quatre heures au singe doré. Dans le cadre de l'expérience d'accoutumance du singe doré, les visiteurs ont plus de temps pour observer et comprendre la vie des primates aux côtés de chercheurs internationaux, de pisteurs expérimentés et de guides de l'Autorité ougandaise de la faune.

République démocratique du Congo : Le singe doré peut également être trouvé dans le parc national des Virunga et Kahuzi-Biéga dans la partie orientale de la RD Congo. Le trekking du singe doré n'est pas encore entièrement ouvert aux visiteurs au Congo pour plusieurs raisons, notamment la sécurité.

Golden Monkey Trekking dans le parc national de Mgahinga et des volcans

Le suivi des singes dorés est mieux fait en Ouganda et au Rwanda. Les deux pays sont plus organisés, disposent d'une meilleure infrastructure touristique et sont plus sûrs. Il n'y a pas de limite d'âge ou de nombre spécifique de personnes requis pour suivre les singes dorés. Le suivi des singes dorés commence par un briefing qui a lieu dans les bureaux du parc vers 7h30. Après le briefing, les touristes peuvent décider d'engager un porteur pour aider avec des bagages supplémentaires avant de se rendre au point de départ. Le suivi des singes dorés prend moins de temps (mais contrairement aux gorilles de montagne).

Les pisteurs peuvent les localiser en recherchant des restes frais de pousses de bambou. Chaque jour de traque des singes dorés est différent – la météo et les mouvements de troupes décident de la façon dont la journée se déroulera. En raison de leurs mouvements constants sur la cime des arbres, prendre des photos (les photos flash sont autorisées contrairement aux gorilles de montagne) de ces singes implique une certaine difficulté. Le seul moment où les singes restent immobiles, c'est lorsqu'ils se mettent à l'abri pendant les pluies ou lorsqu'il y a trop de vent. Les vents rendent difficile pour eux de localiser leurs ennemis et un besoin de rester vigilant pour les aigles. La meilleure façon de prendre des photos de ces créatures mignonnes est de régler votre appareil photo sur la vitesse d'obturation rapide.

Une fois les singes localisés, les pisteurs devront souvent les suivre car ils adorent sauter d'arbre en arbre. Leurs longues queues les aident à s'équilibrer, mais peuvent rester coincées et coupées par les bambous. Vous pouvez remarquer certains membres avec des queues courtes comme témoignage de cela. Les singes dorés habitués ne sont pas trop timides avec les humains et peuvent s'en approcher par curiosité. Tout comme avec les gorilles de montagne, les touristes ne sont autorisés qu'une heure avec les singes. Vous pourriez être intéressé par le circuit de suivi du singe doré de 2 jours au Rwanda. Nous avons également le forfait de trekking gorille et de singe doré de 4 jours. Si vous êtes intéressé par une visite plus courte pour voir les deux primates, lisez notre forfait de 3 jours de suivi des singes dorés au Rwanda et de safari des gorilles.

Habituation du singe doré en Ouganda et au Rwanda Enraison de leur nature timide et sauvage, une troupe de singes dorés doit être habituée avant que les touristes puissent être autorisés à les visiter. Les troupes de singes dorés sauvages s'éloigneront des humains à première vue. L'accoutumance au singe doré est le processus qui permet lentement à une troupe sélectionnée de se familiariser avec la présence humaine autour d'elle. L'expérience d'accoutumance au singe doré est un régal spécial donné aux visiteurs qui souhaitent obtenir une compréhension plus détaillée des primates. Au cours de l'expérience d'accoutumance au singe doré, les visiteurs disposent de 4 heures pour étudier de près le comportement des singes tout en obtenant des informations plus approfondies des chercheurs.

Permis Golden Monkey

Pour participer au suivi des singes d'or, vous devez acquérir un permis de singe doré. Le permis accorde à un visiteur une heure avec les primates. Les visiteurs peuvent obtenir des permis directement auprès des autorités touristiques des différents pays. Dans le parc national de Mgahinga, les permis sont obtenus par l'intermédiaire de l'Autorité ougandaise de la faune sauvage, tandis qu'au Rwanda, c'est par l'intermédiaire du Rwanda Development Board. Une agence de voyage peut vous aider à organiser l'ensemble de votre visite du singe d'or, allant de l'acquisition des permis, de l'hébergement et du transport. Contrairement aux permis de gorilles, le prix des permis de singe doré change fréquemment. Les permis de singe doré n'ont pas besoin d'être réservés à l'avance comme les permis Gorilla. Il est possible de les acquérir le jour du suivi. Les chances de repérer des singes dorés sont très élevées. Partageons des informations sur les prix du suivi des singes dorés au Rwanda et en Ouganda.

Rwanda: Le prix d'un permis de suivi de singe doré coûte actuellement 100 dollars par personne. Le prix comprend les frais de garde forestier et de parc pour le parc national des volcans. Les permis sont acquis auprès du Rwanda Development Board.

Ouganda : Les permis de singe doré en Ouganda sont obtenus auprès de l'Autorité ougandaise de la faune sauvage ou au siège du parc national de Mgahinga (Centre Ntebeko). Un permis de suivi de singe doré coûte 100 $ par personne pour les visiteurs internationaux. Le prix comprend les frais de parc, les frais de garde / guide et le temps passé avec les primates. Les visiteurs qui souhaitent vivre l'expérience d'accoutumance au singe doré de 4 heures devront peut-être payer plus.

Remarque: Le suivi des singes dorés en tant qu'activité est éclipsé par le trekking des gorilles. Dans la plupart des cas, les visiteurs combinent le trekking des gorilles avec le suivi des singes dorés comme activité secondaire.

TREKKING DE BUHOMA À NKURINGO ET SUR KISORO

Je viens de terminer une visite à pied de Buhoma à Kisoro à travers la forêt impénétrable de Bwindi et j'ai senti que j'avais besoin de partager cette expérience car elle s'est avérée être le point culminant de mon séjour en Ouganda.

J'ai commencé ma tournée à Buhoma principalement en raison de la facilité de s'y rendre en transports en commun car il y a un bus quotidien depuis Kampala. Le premier jour avec mon guide Asgario de Nkuringo Walking Safaris, nous avons marché 5 heures à travers la forêt à environ 10 km du siège du parc à Nkuringo où j'ai séjourné au camping Nkuringo Gorilla à environ 2086m d'altitude. Le camping et le dortoir adjacent offrent un hébergement pour les voyageurs à petit budget qui font du trekking entre Buhoma et Kisoro et Kisoro et Buhoma. Oui, le sentier peut être parcouru dans les deux sens, mais j'ai trouvé personnellement plus gratifiant de marcher vers les puissants volcans des Virunga avec le majestueux lac Mutanda au premier plan.

Le camping a une vue imprenable de 14 km sur la galerie de la forêt tropicale dans une direction et à l'inverse le contour de tous les volcans de la chaîne des Virunga était clairement visible. Aussi incroyable que cela puisse paraître, même les sommets, la neige et le glacier du côté RD Congo du Rwenzori étaient également visibles à environ 160 km du plateau au sommet du camping. Ce sont des conditions exceptionnelles que mon guide a soulignées attribuées à la saison des pluies lorsque la visibilité est toujours bien meilleure que pendant la saison sèche.

J'ai passé la nuit dans le dortoir au coût de 12 $ US pour l'occupation simple d'une chambre à deux lits. C'était très simple mais propre et plus que bienvenu car il a plu pendant la majeure partie de la nuit. Le cuisinier a préparé un dîner fantastique et le petit déjeuner à partir de produits frais locaux, ce qui était une réussite compte tenu de l'éloignement de notre emplacement.

Les jours suivants, la marche jusqu'à Kisoro était pratiquement en descente toute la journée. Nous sommes partis tôt avec une randonnée de 19 km jusqu'au bord du lac

Mutanda qui a pris 4 heures avec des arrêts en route pour photographier les volcans et les villages. J'ai ensuite entrepris une excursion de 2 heures en pirogue jusqu'à l'extrémité sud de Mutanda avant d'atteindre Kisoro. La dernière promenade dans Kisoro implique l'assentiment d'un affleurement volcanique qui offre une vue imprenable sur la ville, les Virunga et le panorama le plus étonnant sur le lac Mutanda vers Nkuringo.

Je peux certainement recommander cette expérience à ceux qui ont un budget serré et qui ne peuvent pas faire de randonnée chez Gorilla, mais qui souhaitent visiter la forêt impénétrable de Bwindi.

Il y a peu de connaissances sur cette activité localement car elle est encore embryonnaire dans son développement, mais a certainement un grand potentiel pour l'avenir être devenir un itinéraire de randonnée incontournable.

PARC NATIONAL QUEEN ELIZABETH

On pourrait se demander où se trouve le parc national Queen Elizabeth. Eh bien, il se trouve dans la partie ouest de l'Ouganda, entre Lakes Gorge et Albert, le canal de Kazinga traversant sa superficie de 700 milles carrés. Le parc a été nommé d'après la reine d'Angleterre en 1954 à la suite de sa visite.

Faune dans le parc national Queen Elizabeth

Le parc abrite 618 espèces d'oiseaux, soit la 6ème plus grande diversité au monde et la plus élevée d'Afrique, ce qui en fait une destination idéale pour les safaris ornithologiques en Ouganda, en plus de 10 espèces de primates comme les chimpanzés et 95 mammifères, y compris le gros gibier.

Attractions à Queen Elizabeth National Park

Lions grimpeurs : avec seulement deux populations de ces lions uniques dans le monde entier, explorez le secteur sud d'Ishasha pour suivre ces lions couramment vus dans les figuiers et les acacias.

Le canal de Kazinga: ce canal d'eau naturel relie les lacs Albert et Gorge et abrite un grand nombre d'hippopotames, de crocodiles du Nil, d'éléphants et d'hippopotames qui peuvent facilement être vus sur le palpitant.

Kazinga Boat Ride Kasenyi Plains: ces plaines sont visitées par les touristes lors d'un safari de la faune ougandaise car elles abritent un très grand nombre d'antilopes, les Kobs, les lions et plusieurs grands prédateurs.

Kalinzu Forest: elle offre des expériences de

suivi des chimpanzés très enrichissantes et elle est située à l'angle sud-est du parc.

La gorge de Kyambura: cette vallée boisée verdoyante de 100 mètres de profondeur avec une particularité abrite un grand nombre de primates et est populaire pour les visites de suivi des chimpanzés en Ouganda.

Mweya Peninsular: il s'agit d'une étendue de terre qui dépasse dans le lac Edwards est couramment visitée pendant les safaris car elle offre des vues parfaites tout en explorant les différentes pistes de jeu.

Saline du lac Katwe: dans le lac alcalin Katwe, les mines de sel sont en cours depuis plusieurs années, car c'est la principale activité économique de la région. Par conséquent, un grand nombre de touristes visitent ici pour apprendre et observer la méthode traditionnelle d'extraction du sel.

Les lacs du cratère d'explosion de Katwe: ces lacs trouvés dans la partie nord se trouvent à la plus haute altitude du parc. de là, les touristes profitent d'une vue imprenable sur les chaînes de montagnes Rwenzori, les escarpements de la vallée du Rift occidental et les lacs George et Edward.

Comment se rendre au parc national Queen Elizabeth

Le parc est situé à environ 389 km de la capitale Kampala et est accessible par la route sur un trajet de 6h30 via Masaka Road ou par un vol charter.

Logement

Avec une grande variété de lodges, de campings, d'hôtels et de camps de tentes, le parc national Queen Elizabeth offre un hébergement pour tout le monde, comme le Ishasha Wilderness Camp Queen Elizabeth National Park, quel que soit votre budget, et ceux-ci vont du luxe, du milieu de gamme aux installations économiques. consultez nos hébergements les plus recommandés à Queen Elizabeth National Park pour plus d'informations sur chaque installation.

Meilleur moment pour visiter le parc national Queen Elizabeth

La saison sèche qui s'étend de janvier à février et de juin à septembre est considérée comme le meilleur moment pour visiter, la période de pointe du safari en Ouganda étant de juin à septembre, tandis que les espèces migratrices arrivent d'août à décembre et de mars à mai offrant la meilleure période d'observation des oiseaux.

Zziwa Rhino & Wildlife Ranch

Le Ziwa Rhino and Wildlife Ranch est situé dans le district de Nakasongola. C'est un habitat célèbre pour les rhinocéros sauvages en Ouganda. C'est un projet de Rhino Fund Uganda et Uganda Wildlife Authority (UWA).

Le sanctuaire est idéalement situé à 176 km (100 miles) au nord de Kampala sur l'autoroute Gulu en direction de Murchison Falls (embranchement au centre commercial Nakitoma). Ziwa est le seul endroit où vous pourrez voir des rhinocéros à l'état sauvage lors d'un safari en Ouganda.

La mission du sanctuaire de Ziwa est de créer un environnement sûr où les rhinocéros peuvent se multiplier et être protégés pour les générations futures. Le sanctuaire est également responsable d'assurer la conservation, l'éducation et le programme d'autonomisation de la communauté afin de sensibiliser les Ougandais et les visiteurs aux rhinocéros tout en préservant le riche patrimoine culturel de l'Ouganda pour les générations futures.

Ziwa Rhino Sanctuary est le seul endroit en Ouganda qui peut vous faire réaliser votre rêve de voir les cinq grands animaux. Pourquoi? C'est le seul endroit en Ouganda où vous pouvez apercevoir les rhinocéros blancs du Sud à l'état sauvage. Les touristes peuvent visiter le sanctuaire de rhinocéros Ziwa pour ces espèces uniques de la faune, puis se rendre au parc national de Murchison Falls, au parc national Queen Elizabeth ou au parc national de Kidepo Valley pour voir quatre des cinq grands animaux (lions, éléphants, buffles et léopards) pour la satisfaction totale.

Histoire

En raison des instabilités politiques qui se sont produites dans les années 1970, la plupart des zones protégées de la faune de l'Ouganda ont connu une chasse illégale intense qui a conduit à une réduction aiguë non seulement des rhinocéros mais aussi d'autres gros gibiers comme les éléphants. On pense que le dernier rhinocéros a été braconné dans la nature sauvage ougandaise en 1982 et en 2005, ces mammifères en voie de disparition ont été réintroduits avec l'intention de les réintroduire dans les parcs nationaux pour qu'ils puissent à nouveau survivre.

Si vous voulez une expérience complète des « cinq grands » en Ouganda, le sanctuaire de rhinocéros de Ziwa est le seul endroit que les touristes peuvent ajouter à leur itinéraire. Les rhinocéros sont la deuxième plus grande espèce de mammifères sur terre après les éléphants et ils tirent leur nom de deux mots grecs Rhinos désignant nez et ceros signifiant corne.

Ces espèces exceptionnelles de mammifères se déclinent en cinq espèces distinctes, dont deux en Afrique et comprennent les rhinocéros noirs et blancs, tous deux dotés d'une paire de cornes et toujours observés dans les pays d'Afrique de l'Est et du Sud. Les trois autres espèces de rhinocéros sont de type asiatique, y compris l'indien également populaire comme le grand rhinocéros à une corne principalement vu dans des régions spécifiques de l'Inde et du Népal. En outre, il y a des rhinocéros de Java normalement habités en Indonésie et au Vietnam et les deux ont une corne. La 5ème catégorie est Sumatra qui peut être aperçue en Malaisie et en Indonésie et ils ont deux cornes.

Un trek pour observer ces magnifiques mammifères est l'expérience la plus excitante qui vaut la peine d'être explorée en Ouganda. L'Office des parcs et du tourisme du Nord-Ouest de l'Afrique du Sud a fait don en 2011 d'environ 6 femmes. Depuis la réintroduction de ces mammifères extraordinaires, l'Ouganda est fier d'accueillir plus de 20 membres. Les premiers rhinocéros ont été donnés par le Kenya (4) et 2 (deux) des États-Unis.

Les rhinocéros blancs sont un don naturel en Ouganda, ils sont surveillés et patrouillés par les rangers de Rhino Fund Uganda qui sont bien entraînés et armés pour s'assurer qu'ils sont protégés et collectent également des données. En outre, il existe également d'autres espèces sauvages, y compris les 26 espèces de mammifères, les fourrés et les forêts protègent des espèces sauvages comme Uganda Kobs, Bushbuck, Pangolin, le Reed bucks, Rich bucks, Colobus et Vervet monkeys, Mangouste et autres. La zone marécageuse comprend des hippopotames, des crocodiles et de nombreuses espèces aquatiques.

Comment s'y rendre

Ce sanctuaire est situé dans le district de Nakasongola, à 176 kilomètres / 100 miles au nord de l'autoroute Kampala-Gulu alors que vous vous dirigez vers le parc national de Murchison Falls. Il y a actuellement 19 rhinocéros blancs du sud qui habitent ce sanctuaire. Le sanctuaire de rhinocéros de Ziwa couvre une superficie de 70 kilomètres carrés / 7000 hectares (27 miles carrés) et a été créé en 2005 uniquement pour conserver les rhinocéros en voie de disparition qui menaçaient d'extinction. Ce sanctuaire est régi par l'Uganda Rhino Fund. Outre les rhinocéros pour lesquels le sanctuaire est connu, il y a plus de 40 espèces de mammifères et 300 espèces d'oiseaux qui habitent cet endroit. Ces mammifères comprennent les mangoutes, les singes Vevert, les antilopes comme les oribis, les kobs, les waterbucks, les bushbucks, les reedbucks et les céphalopes gris, les singes colobes noirs et blancs, les bubales, les hippopotames, les léopards, les écureuils terrestres et les reptiles comme les grands varans et les crocodiles.

PARC NATIONAL DE SEMULIKI

Pendant votre séjour au Ziwa Rhino and wildlife Ranch Sanctuary, voici quelques-unes des activités touristiques:

Trekking en rhinocéros; Le trekking en rhinocéros est la principale aventure du sanctuaire de rhinocéros de Ziwa. Vous suivrez ces espèces fascinantes à travers les fourrés et prend normalement 2 à 3 heures. Le trek réel commence au siège du sanctuaire avec un guide ranger armé qui vous accompagnera et vous guidera. Ils sont bien informés et ils vous informeront d'abord sur les règles et règlements avant de partir en randonnée sauvage et vous fourniront également les meilleures informations sur ces espèces de mammifères en voie de disparition. Par nature, les rhinocéros blancs ne sont pas violents et agressifs comme les rhinocéros noirs et il y a donc des attaques minimales à condition de suivre les directives de suivi.

Bec-de-chaussure Cigogne et canoë débarrassés; À première vue, les tiges de bec-en-sabot ont un charme maladroit en raison de leur bec hollandais d'un pied de long. Malgré les premières impressions, cette cigogne est un prédateur sans prétention connu pour se régaler de bébés crocodiles, de gros poissons comme le tilapia et de lézards moniteurs du Nil. Partez tôt le matin en canoë dans le marais adjacent pour voir cet oiseau préhistorique et profiter d'un magnifique lever de soleil sur le marais de Lugogo.

Observation des oiseaux; Ceux qui aiment les oiseaux, Ziwa est une option. Pour ceux qui aiment observer les oiseaux, il y a quatre sentiers différents à choisir qui vous emmènent à travers la savane, les bois ou les marécages, chacun un habitat pour les différentes espèces d'oiseaux qui vivent ici. Tôt le matin entre 6h et 8h et le soir entre 16h et 18h sont le meilleur moment pour observer les oiseaux au sanctuaire Ziwa Rhino and wildlife Ranch.

Le sanctuaire de rhinocéros de Ziwa conserve également un grand nombre d'oiseaux dans ses forêts abondantes, ses prairies et quelques oiseaux aquatiques dans les marécages et les barrages de vallée qui représentent environ 351 oiseaux. Parmi les oiseaux à apercevoir dans le sanctuaire, citons le perroquet de Meyer également perroquet brun, le martin-pêcheur à queue fourchue, l'autour des palombes, le souimanga à bandes pourpres, le ptyilia à ailes vertes, l'aigle majordome, l'aigle martial, l'étourneau sansonnet de

Rupell, le gonolek à tête noire, le muguet africain, le barbet à double dent, le calao gris africain, le bulbul commun et sans oublier les cigognes insaisissables que vous verrez autour du marais de Lugogo.

Ces espèces d'oiseaux offrent des rencontres d'observation étonnantes pour les amateurs d'oiseaux qui souhaitent visiter ce sanctuaire en plus des safaris de suivi des rhinocéros. Vous aurez suffisamment de temps pour photographier ces espèces remarquables et poser autant de questions que possible sur les rhinocéros et autres animaux sauvages du sanctuaire.

promenades nocturnes; Ziwa abrite de nombreux animaux nocturnes et quelques oiseaux nocturnes comme le hibou. Les animaux nocturnes comme les léopards, les bébés de brousse et ainsi de suite sont si actifs la nuit mais timides pendant la journée. Vous pouvez les cibler entre 20h et 23h. Au cours de ces promenades dans la nature, vous serez accompagné par un ranger pour vous offrir sécurité et connaissances sur la flore et la faune présentes dans le sanctuaire.

Les promenades dans la nature durent souvent entre une et trois heures et peuvent être assez exigeantes physiquement. Assurez-vous d'avoir des chaussures de marche confortables, des pantalons longs, un insectifuge, une torche et de l'eau embouteillée.

Ce dont vous avez besoin pour votre voyage dans le sanctuaire de rhinocéros de Ziwa

Lorsque vous planifiez un voyage dans ce magnifique sanctuaire, portez des bottes de randonnée imperméables ou toute autre chaussure fermée et non des tongs.

Portez une veste de pluie / poncho et un chandail si vous voyagez pendant la saison des pluies, ainsi qu'un chapeau et un écran solaire pour protéger votre tête et vos yeux du soleil scotch si vous voyagez pendant la saison sèche.

Insectifuge parce qu'il y a tellement de moustiques dans la région et évitez d'utiliser des caméras flash car ils effraient les rhinocéros et peuvent devenir agressifs et défensifs.

Où séjourner pendant l'établissement Ziwa Rhino Sanctuary

Après avoir profité de votre temps avec les rhinocéros, vous profitez de votre nuit dans l'Amuka safari Lodge qui propose un hébergement confortable, un restaurant sur place qui sert des plats alléchants et dispose d'une piscine pour les touristes qui souhaitent simplement se détendre. Il y a aussi des tentes de luxe autonomes où les touristes peuvent se détendre et passer une nuit.

Comment rejoindre Ziwa Rhino Sanctuary

Il est situé à environ 3 heures de route de Kampala, sur le chemin du parc national de Murchison Falls dans le district de Nakasongola près du centre commercial de Nakitoma d'où vous embrancherez.

En conclusion, le sanctuaire de rhinocéros de Ziwa est le seul endroit en Ouganda où vous pouvez observer les rhinocéros blancs du Sud à l'état sauvage et réaliser votre rêve de voir les cinq grands animaux lors d'un safari en Ouganda. Vous verrez non seulement les rhinocéros mais aussi 40 autres espèces de mammifères, y compris les mangoutes, les singes Vevert, les singes colobes noirs et blancs et les antilopes comme les waterbucks et les élands entre autres. Plus de 300 espèces d'oiseaux, dont la rare cigogne à bec-sabot et les martins-pêcheurs géants, ont élu domicile dans le sanctuaire de rhinocéros de Ziwa.

Ziwa Rhino and Wildlife Ranch situé dans le district de Nakasongola est le fier foyer des seuls rhinocéros sauvages en Ouganda. Le projet de réintroduction de rhinocéros est un projet de Rhino Fund Uganda et Uganda Wildlife Authority.We est idéalement situé à 176 km (100 miles) au nord de Kampala sur l'autoroute Gulu en direction de Murchison Falls (embranchement au centre commercial Nakitoma). Ziwa est le seul endroit où vous pourrez voir des rhinocéros à l'état sauvage. Actuellement, le sanctuaire abrite douze (12) rhinocéros blancs du sud, six (6) adultes, trois (3) adolescents et trois (3) bébés. Deux des femelles adultes devraient également mettre bas l'année prochaine. Le sanctuaire est devenu de plus en plus populaire auprès des touristes; Pour le trekking des rhinocéros, l'observation des oiseaux, les promenades dans la nature et la détente.

ACTIVITÉS GALORE
Rhino Trekking
Le sanctuaire fournit des guides formés qui vous guideront habilement tout au long de cette expédition.

Observation des oiseaux
Le sanctuaire de rhinocéros de Ziwa abrite également plus de 250 espèces d'oiseaux et est un sport idéal pour les ornithologues

passionnés intéressés à trouver...
Promenades guidées dans la natureNos promenades guidées dans la nature vous permettront de découvrir la géographie, la faune et la flore de cette belle partie de l'Ouganda.

Le refuge

de rhinocéros Ziwa offre paix et tranquillité dans un cadre magnifique. Nous avons une variété d'hébergements.

Restaurant

Avant ou après vos activités, joignez-vous à nous pour un repas dans notre restaurant. Nos chefs spécialisés vous fourniront des repas frais et savoureux.

Camping

Nos terrains de camping sont vierges et situés très près de notre siège social. Notre électricité fonctionne à l'énergie solaire.

HÔTELS DU MONDE PRÈS DE ZOOS

Lorsque vous êtes en vacances et que vous voulez voir des animaux, un zoo est une excellente option. Mais que faire si vous voulez voir des animaux et aussi rester dans un hôtel de luxe? Aucun problème! Il y a un certain nombre d'hôtels dans le monde qui sont proches des zoos. Voici quelques-uns de nos favoris: À Sydney, en Australie, vous pouvez séjourner au Park Hyatt Sydney, situé à côté du zoo de Sydney. L'hôtel offre une vue magnifique sur le port et l'opéra. À Johannesburg, en Afrique du Sud, vous pouvez séjourner à l'hôtel Michelangelo, situé à côté du zoo de Johannesburg. L'hôtel présente une décoration d'inspiration africaine et se trouve à quelques pas du zoo. À Singapour, vous pouvez séjourner au Marina Bay Sands, situé à côté du zoo et des jardins de Singapour au bord de la baie. L'hôtel dispose d'une piscine à débordement qui offre une vue imprenable sur le paysage urbain et le zoo. À Londres, vous pouvez séjourner au Langham, situé à côté de Regent's Park et du zoo de Londres. L'hôtel occupe un ancien palais et dispose d'un spa de style victorien. À San Diego, vous pouvez séjourner à l'hôtel Del Coronado, situé à côté du zoo de San Diego. L'hôtel bénéficie d'un emplacement en bord de mer et est connu pour son architecture historique. À Washington, D.C., vous pouvez séjourner au Willard InterContinental, situé à côté du parc zoologique national.

L'hôtel dispose d'un certain nombre de suites avec balcon offrant une vue sur le zoo. À Toronto, vous pouvez séjourner au

Ritz-Carlton, situé à côté du zoo de Toronto. L'hôtel dispose d'un spa, d'une piscine intérieure et de trois restaurants. À Prague, vous pouvez séjourner à l'hôtel Aria, situé à côté du zoo de Prague. L'hôtel dispose d'un restaurant étoilé Michelin et d'un spa. À Berlin, vous pouvez séjourner au Waldorf Astoria Berlin, situé à côté du zoo de Berlin. L'hôtel dispose d'un bel atrium et d'un spa. À Copenhague, vous pouvez séjourner à l'Hôtel d'Angleterre, situé à côté du zoo de Copenhague. L'hôtel dispose d'une cour avec une cascade et un spa.

Il y a des hôtels de toutes sortes partout dans le monde, des complexes hôteliers de luxe aux motels fonctionnels. Mais, si vous cherchez à rester près d'un zoo, il y a quelques choses que vous devriez savoir. Tout d'abord, il y a quelques chaînes hôtelières centrées sur le zoo que vous voudrez peut-être vérifier. La Zoological

Society of London, ou ZSL, exploite quelques hôtels dans le monde qui sont extrêmement proches des grands zoos. Le premier, et probablement le plus connu, est le ZSL London Zoo Hotel. Il est situé très près du zoo de Regent's Park et surplombe les toits de Londres. Si vous cherchez quelque chose d'un peu plus exotique, ZSL exploite également le Mokolodi Lodge à Gaborone, au Botswana, qui est situé à côté de la réserve de Mokolodi qui abrite des rhinocéros, des éléphants et des lions. Si vous n'êtes pas intéressé par une chaîne spécifique au zoo, il y a quelques autres choses que vous devriez garder à l'esprit. Tout d'abord, il y a la distance. Évidemment, plus l'hôtel est proche du zoo, mieux c'est. Mais, parfois, ce n'est pas toujours possible. Si vous cherchez à rester dans une ville spécifique, comme Londres ou Gaborone, et que le zoo est à la périphérie de la ville, vous devrez peut-être vous contenter d'un hôtel un peu plus loin. Deuxièmement, il y a les commodités. La plupart des zoos offrent un large éventail d'activités, des rencontres avec les animaux aux expositions éducatives, il est donc important que votre hôtel offre quelque chose de comparable.

Par exemple, le ZSL London Zoo Hotel dispose d'une aire de jeux pour enfants, d'une salle de jeux et même d'un cinéma. Enfin, il y a le prix. Les hôtels de zoo peuvent être un peu plus chers, mais il faut s'y attendre. Après tout, vous obtenez une expérience unique et, dans la plupart des cas, la proximité du zoo lui-même. Donc, que vous soyez à la recherche d'une escapade luxueuse ou d'une aventure familiale, il y a un zoo pour vous.

ÉQUATEUR DE L'OUGANDA

L'équateur est une ligne imaginaire que l'on voit sur les cartes marquant l'équidistance des pôles Nord et Sud.

 L'équateur ougandais est l'un des monuments les plus connus et les plus connus d'Ouganda. L'intersection de la surface de la Terre avec le plan perpendiculaire à l'axe de rotation de la Terre et contenant le centre de masse de la Terre » est ce que Wikipedia appelle

parfois l'équateur, mais c'est toujours la ligne imaginaire qui divise le monde en deux moitiés.

Le long de la ligne imaginaire de l'équateur, une aiguille magnétique n'a pas de pendage et se stabilise en position horizontale parfaite. Vous êtes capable de vous tenir debout avec l'un de vos pieds dans l'hémisphère nord et l'autre dans l'hémisphère sud à ce stade; C'est une expérience incroyable de se tenir aux deux côtés du monde. Le soleil se lève et descend assez vite à l'équateur, avec une durée égale de jours et de nuits. Les gens autour de l'équateur ne connaissent que des températures chaudes et un climat tropical tout au long de l'année et donc assez difficile de faire la différence entre les saisons. L'équateur est situé à Kayabwe, dans le district de Mpigi, à environ 72 kilomètres de la ville de Kampala, la capitale de l'Ouganda. Vous trouverez l'affiche de l'équateur ougandais sur la route Kampala-Masaka à 420 kilomètres de Kampala. Au sud-ouest de Kampala; vous pourrez localiser les marqueurs de l'équateur dans le district de Kasese, dans le parc national Queen Elizabeth. Vous ferez l'expérience de températures chaudes à l'équateur alors que vous vous tenez au milieu du monde. N'oubliez pas d'avoir un écran solaire pour votre peau.

Comment l'eau tourbillonne-t-elle dans des directions opposées aux différentes sphères de l'équateur ?

C'est à l'équateur que vous verrez l'eau s'écouler tout droit. Le mouvement et le drainage de l'eau différeront des hémisphères nord et sud à la ligne de l'équateur. Dans la démonstration de l'effet carioles. Avec un mouvement qui change de direction soudainement, quelque chose en mouvement vers la gauche ou la droite lors d'un déplacement sur un corps en rotation comme la terre. Dans certains cas, les systèmes cycloniques de pression météorologique effectuent cela, ayant une rotation dans le sens des aiguilles d'une montre dans le nord et dans le sens inverse des aiguilles d'une montre dans l'hémisphère sud. D'un point de vue réaliste, vous ne pourrez peut-être pas voir cela car le mouvement ne serait pas vu avec de l'eau en petites quantités. À l'équateur, une manœuvre de spectacle est utilisée pour stimuler l'effet. Dans l'hémisphère nord, l'eau s'écoulera dans le trou dans le sens des aiguilles d'une montre, mais prendra la direction inverse des aiguilles d'une montre lorsqu'elle s'écoule de l'hémisphère sud dans le trou.

Y a-t-il un briquet à l'équateur?

Oui, vous découvrirez que vous êtes 3% plus léger à la ligne de l'équateur. Voici comment cela se produit; Le poids est une force dont la gravité agit sur la masse. Le long de l'équateur, le poids de n'importe qui sera inférieur de 0,5%, donc la gravité est inférieure de 0,5% à l'équateur. Cela tend à ce que la terre ne soit pas une sphère parfaite. Aux pôles, il est aplati. Vous serez à quelques tonnes de kilomètres du centre de la terre tout en vous tenant à l'équateur contrairement à vous tenir aux pôles. La gravité n'est donc que légèrement moindre à l'équateur car elle tombe avec la distance.

Quels souvenirs puis-je obtenir à l'équateur?
C'est une expérience tout à fait exceptionnelle à l'équateur; N'oubliez pas d'apporter un souvenir pour votre famille et vos amis sur le chemin du retour. Un certain nombre de structures ont été mises en place autour de la zone de l'équateur avec tant d'artisanat étonnant et d'œuvres d'art des boutiques d'artisanat. Vous vous procurerez un certain nombre de produits de la galerie antique et de la galerie Aid child. Vous trouverez des T-shirts avec des expressions telles que « J'ai traversé l'équateur » pour vous et vos amis. Vous

pourrez également déguster un délicieux repas et un café dans l'un des restaurants.

Comment se rendre à l'équateur ?

En partant de la ville de Kampala, vous parcourrez 72 kilomètres jusqu'à Kayabwe dans le district de Mpigi le long de la route Kampala Masaka. En choisissant d'utiliser des moyens publics, un coaster ou un bus pouvant être embarqué depuis le nouveau parc de taxis vous facturera entre 10 000 / = et 15 000 / = shillings ougandais, soit environ 4 à 6 dollars américains.

POINT DE DÉPART DU NIL

L'eau douce soutient toutes sortes de vie, en particulier pour les communautés environnantes. Le Nil, situé sur le continent africain, est une partie essentielle de la vie quotidienne depuis des milliers d'années. C'est une source d'eau importante pour l'irrigation, le transport et le commerce.

Le Nil est un sujet fascinant, et il y a beaucoup à apprendre sur l'un des plus grands fleuves du monde. Alors, où commence le Nil?

Décomposons son emplacement précis, y compris où il commence et se termine et les différents pays qu'il traverse. Pour conclure, vous découvrirez l'importance de cette rivière et les menaces actuelles auxquelles elle est confrontée.

Où commence le Nil?

Le Nil prend sa source dans les rivières qui se jettent dans le lac Victoria dans les actuels Ouganda, Kenya et Tanzanie. Les rivières sont très complexes. Ces plans d'eau qui coulent ont de multiples confluences, une jonction de deux rivières. Il y a souvent beaucoup de débats sur le début et la fin des rivières, y compris la source de l'eau d'une rivière. Les gens ont passé des siècles à chercher la tête du Nil.

Il est généralement admis que le Nil a plusieurs sources, pas une seule.

Le Nil proprement dit prend sa source sur la rive nord du lac Victoria, près de Jinja, en Ouganda. Cependant, dire que le Nil part de cette position n'est peut-être pas tout à fait exact. Le cours d'eau le plus éloigné qui se jette dans le lac Victoria est la rivière Kagera.

La rivière Kagera, également connue sous le nom de Nil Alexandra, est la source supérieure du Nil et sa source la plus éloignée. Ce cours d'eau isolé prend sa source au Burundi près de la pointe nord du lac Tanganyika.

Les autres sources primaires du Nil sont le Nil Bleu, le Nil Blanc et l'Atbarah.

Le Nil Bleu prend sa source en Éthiopie au lac Tana. Cet affluent fournit 80% de l'eau du Nil pendant la saison des pluies. Le Nil Blanc est le plus long affluent, mais pas la source principale. Cette rivière se forme près du lac No au Soudan du Sud. Le fleuve Atbarah, ou Nil Noir, prend sa source dans le nord-ouest de l'Éthiopie et se connecte au Nil dans le centre-nord du Soudan.

Quels pays traversent le Nil?

Le Nil traverse ou près de la frontière de 11 pays africains:

- Égypte
- Tanzanie
- Rwanda
- Burundi
- Kenya
- Ouganda
- Soudan
- République démocratique du Congo
- Éthiopie
- Soudan du Sud
- Érythrée

Le Nil Blanc traverse l'Ouganda et le Soudan du Sud, et le Nil Bleu traverse l'Éthiopie. Les deux convergent au Soudan près de Khartoum (capitale soudanaise).

Où finit le Nil?

Le Nil coule du sud au nord à travers l'Afrique orientale et se jette dans la mer Méditerranée.

Commençant légèrement en aval du Caire se trouve le delta du Nil. Le delta du Nil est une riche zone agricole près de la côte méditerranéenne. Avant que le Nil ne se jette dans la mer, il se répand dans de nombreux cours d'eau. Les deux branches principales qui se jettent dans la Méditerranée sont la branche Rosetta (à l'ouest) et la branche Damiette (à l'est).

La zone où le Nil s'étend et se jette dans la mer est connue sous le nom de delta du Nil.

Quelle est la longueur du Nil?

Le Nil a une longueur de 4 132 milles (6 600 kilomètres). Il coule du sud au nord à travers l'Afrique de l'Est, traversant 11 pays avant de se séparer et de se jeter dans la mer Méditerranée.

Cependant, un débat considérable reste sur l'endroit où mesurer le Nil, avec diverses mesures de la rivière Kagera étant possibles. Certaines mesures du Nil le situent à 4 258 milles (6 853 kilomètres) lorsqu'il est mesuré à partir de sources plus éloignées.

Le Nil est-il le plus long du monde?

Jusqu'à récemment, le Nil était reconnu comme le plus long fleuve du monde. Il y a pas mal de spéculations sur la question de savoir si le Nil détient toujours ce titre.

Le plus long fleuve du monde fait l'objet de débats.

En 2014, des scientifiques brésiliens ont recalculé les longueurs du Nil et de l'Amazone et ont conclu que le fleuve Amazone mesurait 4 345 milles, soit 213 milles de plus que les mesures largement acceptées du Nil.

Parce que la mesure d'une rivière nécessite beaucoup plus qu'un ruban à mesurer, les scientifiques n'ont pas encore réduit la source exacte de chaque grande rivière. Les revendications de 2014 ont depuis été contestées.

Pour l'instant, la réponse la plus acceptée pour le plus long fleuve du monde est le Nil. Pour une analyse extrêmement détaillée des raisons pour lesquelles ce débat fait rage, regardez la vidéo ci-dessous.

Pourquoi le Nil est-il important?

Le Nil crée une vallée fertile où les civilisations peuvent croître et prospérer. Les canaux acheminent l'eau du Nil dans les villes et les fermes, soutenant l'agriculture. Le Nil est encore fortement utilisé pour le transport et le commerce. Les résidents de cette terre fertile utilisent des bateaux rapides, des bateaux-taxis et des ferries pour éviter les rues surpeuplées.

Le Nil est une partie essentielle de la vie quotidienne des Égyptiens et d'autres pays.

LAC MUTANDA

Le lac Mutanda est un petit lac d'eau douce situé à l'extrême sud-ouest de l'Ouganda, près de la forêt impénétrable de Bwindi et du parc national des gorilles de Mgahinga. Il est drainé par la rivière Rutshuru, coulant vers le nord jusqu'au lac Édouard.

Le lac Mutanda se trouve à 30 minutes en voiture du centre de Kisoro.

Avec une altitude de 1 800 m, c'est un endroit idéal pour faire de la randonnée et offre une vue imprenable sur les montagnes des Virunga.

Trois volcans éteints sont à portée de vue du lac: le mont Muhabura, le mont Sabyinyo et le mont Gahinga.

Si vous êtes un randonneur passionné, il vaut la peine d'emporter une paire de bottes de marche robustes, car vous ne voudrez pas manquer la vue imprenable que ces promenades offrent.

Mont Muhabura, 'Le Guide'

Mont Muhabura signifie « le guide » en kinyarwanda, la langue officielle du Rwanda. Avec une altitude de 4 127 m, le mont Muhabura est le troisième plus haut des montagnes Virunga.

Cette randonnée escarpée, avec une pente progressive sur des surfaces rocheuses, dure généralement une journée entière.

Bien que la randonnée soit physiquement

exigeante, elle offre une vue imprenable sur le lac Edward, Bwindi et le sommet des montagnes Rwenzori.

N'oubliez pas d'emporter un appareil photo pour capturer l'étonnante vue panoramique. Vous y réfléchirez pendant des années.

Mont Gahinga

Avec une altitude de 3 473 m, le mont Gahinga est plus petit que le mont Muhabura et le mont Sabyinyo. En kinyarwanda, « Gahinga » signifie « un tas de pierres ».

La randonnée est plus douce et convient aux randonneurs moins expérimentés. Le jour de votre randonnée, vous devez acheter un permis de randonnée (75 $) et assister à une séance d'information sur la santé et la sécurité.

Le bambou prospère sur les pentes du mont Gahinga, et vous découvrirez des forêts de bambous qui abritent une pléthore d'animaux sauvages, du gorille de montagne en voie de disparition au souimanga royal.

La randonnée panoramique commence à 07h00 le long d'une pente douce, et cela prendra environ 6 heures.

Mont Sabyinyo 'Les dents du vieil homme'

Le mont Sabyinyo est connu localement

sous le nom de « dents du vieil homme », en raison de la ressemblance du sommet avec les dents usées. Le mont Sabyinyo a une altitude de 3 669 m et est le plus ancien volcan de la chaîne.

Il existe de multiples itinéraires de randonnée de différents degrés de difficulté. Il comprend trois sommets, le premier étant la gorge de Sabyinyo, qui abrite une végétation épaisse. C'est une destination populaire pour l'observation des oiseaux, mais gardez un œil sur les singes dorés!

Le deuxième sommet consiste à marcher entre le Rwanda et l'Ouganda.

Le troisième pic est difficile. Vous vous démènerez avec vos mains, ainsi qu'avec des échelles. Cependant, si vous êtes prêt à relever le défi, vous serez au Rwanda, en Ouganda et au Congo en même temps.

Activités au lac Mutanda

Visite de la grotte de Garama; La randonnée n'est pas la seule attraction du lac Mutanda. Il y a beaucoup à faire si vous n'êtes pas intéressé par la randonnée.

Visiter la grotte de Garama est un excellent moyen de développer votre compréhension des cultures locales. Il s'agit d'un sentier touristique, créé en collaboration entre l'Uganda Wildlife Authority (UWA) et l'Organisation unie pour le développement Batwa en Ouganda.

Le sentier est conçu pour soutenir les Batwa, qui ont habité les grottes pendant de nombreuses années avant d'être récemment réinstallés. Les guides Batwa vous feront visiter la grotte de 340 m de long et vous donneront un aperçu de leur culture et de leur mode de vie.

Visites de l'île

Le lac Mutanda contient 15 petites îles. 'L'île de Mutanda' est habitée par un clan appelé 'Abagesera'. Les Abagesera ont construit une église au sommet de l'île, où ils accueillent les fidèles locaux venus du continent. Rendez-vous sur l'île dans une pirogue traditionnelle ou un bateau. De là, vous pourrez voir le paysage sous un angle différent et rencontrer les habitants. Pour vous engager dans la culture, vous pouvez assister à des promenades communautaires et visiter l'église locale.

Les aventuriers courageux peuvent visiter les îles de la punition qui abritaient autrefois des parias de la société de la région. Il contient des restes squelettiques et certains habitants pensent qu'il est hanté.

Même les visiteurs les plus audacieux peuvent se rendre sur l'île Python pour avoir la chance de voir les serpents résidents.

Canoé

Si vous voulez sortir de la terre et aller sur l'eau, le canoë est un excellent moyen de découvrir le lac. C'est l'une des activités les plus relaxantes, car l'eau est connue pour être calme.

Glissez dans les eaux tranquilles d'île en île. Vous pourrez peut-être même apercevoir des oiseaux et des loutres.

Hébergement au lac Mutanda

Le Mutanda Lake Resort est une base idéale pour vos aventures au lac Mutanda. Choisissez entre des cottages standard et de luxe qui offrent tous une vue imprenable sur le lac Mutanda.

Le restaurant est un mélange de chalet suisse et d'architecture africaine et ses chefs talentueux servent une gamme de plats délicieux. Ses herbes et légumes sont cultivés et cueillis à la main dans le jardin du complexe.

Le bar est entièrement approvisionné, vous permettant de siroter votre boisson préférée du soir tout en regardant le soleil se coucher sur le lac Mutanda.

Quel est le meilleur moment pour visiter le lac Mutanda?

Le meilleur moment pour visiter le lac Mutanda est pendant les saisons sèches de juin à septembre et de décembre à février.

Les précipitations sont les plus fortes à la fin mars, en avril et en mai, avec un nouveau pic à la fin octobre et en novembre. Fin décembre, janvier et février ont tendance à être généralement chauds et secs, tandis que juin, juillet, août et septembre sont plus frais et généralement secs.

Les pentes de randonnée autour du lac Mutanda seront plus difficiles pendant les saisons humides. Nous vous recommandons de visiter pendant les saisons sèches car vous pouvez vous concentrer sur le paysage, pas sur le sentier de randonnée glissant.

Îles Ssese

Situées dans la partie nord-ouest du lac Victoria, les îles Ssese sont un archipel de 84 îles dont 43 sont habitées. L'île a été nommée Ssese d'après les mouches tsé-tsé que l'on trouve dans les différentes parties de l'île. Les nuages des mouches tsé-tsé peuvent encore être vus et il est préférable de les éviter pendant votre séjour en raison du bruit irritant qu'elles font.

Les îles Ssese classées en deux îles, les îles Koome qui se trouvent dans la partie nord-est du lac Victoria et les îles Bugala dans la partie sud-ouest du lac Victoria et qui sont séparées par le canal Koome.

Certaines des îles qui composent les îles Ssese comprennent les îles Bugala, Banda, Koome et les îles Ngamba, entre autres. Les îles diffèrent en taille d'environ 10 000 kilomètres carrés à plus de 40 kilomètres de longueur, la plus grande étant l'île de Bugala et la plus visitée. Les îles de Ssese qui sont remplies de locaux ne sont pas si nombreuses, mais vous trouverez une atmosphère accueillante des habitants, mais vous aurez besoin d'un traducteur car la plus grande population parle luganda et non anglais.

Pourquoi visiter les îles Ssese

Imaginez une beauté naturelle intacte, un endroit calme où vous pourrez profiter de votre paix, de la bonne nourriture à la fois des cuisines locales et internationales, puis ajouter les nombreuses activités que vous pouvez pratiquer en un seul endroit, maintenant c'est ce que les îles Ssese ont à offrir à tous les touristes. Ssese est l'endroit idéal pour tous ceux qui veulent ralentir, se détendre et se détendre sans interrompre la vie urbaine.

L'île abrite beaucoup de choses qui vous garderont debout des feux de joie et des fêtes la nuit, les forêts tropicales vierges où vous pourrez faire des promenades dans la nature, différentes espèces d'oiseaux et de la faune et l'exploration des grottes de Kalaya qui seraient l'endroit où vivaient les premiers habitants de Kalangala.

Île de Banda
L'île de Banda est entourée de forêts

tropicales et du grand lac Victoria, ce qui la rend plus isolée et l'endroit idéal pour les touristes pour une escapade tranquille du centre animé. 10 hectares de l'île ont été loués à Dominic Symes qui a ouvert un centre de villégiature ajoutant au magnifique paysage de l'île et après sa mort en 2o11, beaucoup de ses amis ont veillé à ce que l'île conserve sa beauté intacte.

L'île de Banda est un endroit économique à visiter et il existe de nombreuses façons de vous y rendre. Vous pouvez vous connecter de Bugala à l'île de Banda sur un bateau de location ou faire une promenade en bateau depuis le site d'atterrissage de Kasenyi à Entebbe directement à Banda.

Il y a un camping que vous pouvez apprécier, les repas délicieux qui sont servis tout au long de votre séjour, les nombreuses activités que vous pouvez pratiquer comme le kayak, la natation, la détente à la plage, le beach-volley, la randonnée à travers la forêt tropicale lourde et l'observation des étoiles au coucher du soleil, entre autres.

Île de Bugala

Bugala est la plus grande île habitée de Ssese et c'est aussi la plus visitée. C'est la seule île accessible depuis le continent par un ferry et c'est aussi là que se trouve la ville principale connue sous le nom de Ssese. Entourée de plages et de forêts tropicales vierges, l'île de Bugala est la meilleure destination pour les touristes et les habitants qui viennent du centre-ville le week-end pour profiter de plus de fête, bien que dans une version décontractée.

Île de Bulago

L'île de Bulago est une île extrêmement petite qui se trouve à seulement 45 minutes d'Entebbe en bateau rapide ou moins si vous affrétez un avion. L'île se trouve le long de l'équateur et n'a qu'une seule station connue sous le nom de Pineapple Bay. Le Pineapple Bay offre toutes les installations d'hébergement dont vous avez besoin pour informer des villas dispersées le long de la plage et des repas tout au long de votre séjour. Les quelques activités que vous pouvez pratiquer ici comprennent la natation, la détente sur la plage et une promenade dans la nature autour de l'île de 2500m.

Île de Ngamba

L'île de Ngamba est l'une des nombreuses îles qui composent l'archipel de Ssese et un endroit intéressant pour les touristes qui aiment les primates. C'est un foyer d'environ 50 chimpanzés qui ont été sauvés à l'aéroport international d'Entebbe des braconniers qui les faisaient sortir clandestinement du pays. Un centre a été créé pour que ceux-ci soient pris en charge grâce aux dons des sympathisants et les touristes qui visitent l'île peuvent prendre soin des primates avec l'aide des gardiens.

Île Koome

L'île Koome se trouve dans la partie nord-est du lac Victoria et c'est aussi la plus grande des îles du nord-est qui sont séparées par le canal Koome. L'île est à environ 63 kilomètres de Kalangala qui se trouve à Bugala et la plus grande ville de l'île de Koome est connue sous le nom de Bugombe. Certaines des activités que vous pouvez effectuer ici comprennent la pêche, le beach-volley, le shopping et les promenades dans la nature, entre autres. Les principales activités pratiquées par les habitants ici sont la pêche, l'élevage et l'agriculture.

Comment se rendre aux îles Ssese

Se rendre à Ssese est extrêmement facile et il y a deux itinéraires principaux que vous pouvez utiliser et ce sont la route de Masaka et la route d'Entebbe.

- **Les itinéraires d'Entebbe**

La route d'Entebbe commence à Nakiwogo, entre 10 et 15 minutes de la ville d'Entebbe. Lorsque vous arrivez à Nakiwogo, vous pouvez utiliser le MV Kalangala ou les navires de la compagnie des voies navigables Nyanza Evergreen qui labourent cette route.

- **Le MV Kalangala**

C'est l'un des plus grands navires utilisés pour se rendre aux îles Ssese depuis Nakiwogo à Entebbe et il transporte à la fois des véhicules et des personnes. Le trajet de Nakiwogo à la baie de Lutoboka qui se trouve sur l'île de Bugala prendra environ 3 heures et 30 minutes.

Les réservations de véhicules sont effectuées plus tôt afin que les numéros ne dépassent pas la limite autorisée sur le MV Kalangala et les frais de charge sur les véhicules dépendent du modèle de la voiture et de leur poids.

Les passagers de la première classe paient 14 000 Ushs pour un aller simple et ceux de l'économie paient 10 000 Ushs. La seule différence entre la première classe et la classe économique est que la classe économique est plus encombrée que la première classe.

Le MV Kalangala propose des trajets quotidiens vers les îles Ssese et il part à 14h00 avec embarquement dès 13h00.

Les navires de la compagnie des voies navigables Nyanza Evergreen-

Les navires de la compagnie des voies navigables Nyanza Evergreen ont deux bateaux de luxe qui sont travaillés de manière interchangeable en fonction du nombre de passagers disponibles et ce sont les MV Nathalie et MV Vanessa.

Le MV Nathalie et le MV Vanessa sont des bateaux de luxe qui accostent sur le site d'atterrissage de Nakiwogo. Il faut environ 1 heure et 15 minutes en utilisant ces MV pour se rendre à Bugala dans la baie de Lutoboka. Les bateaux sont pré-réservés pour ceux qui voudraient les utiliser et ils ont des excursions vers et depuis Ssese du lundi au dimanche. Les tarifs de transport des bateaux ne cessent de changer selon les jours et vont de 35 000 USH à 100 000 Ushs.

- **La route de Masaka**

Il y a deux MV qui parcourent la route de Masaka et ce sont le MV Ssese et le MV pearl. Les deux MV accostent sur le site d'atterrissage de Bukakata. Les deux MV font plusieurs voyages au cours de la journée puisque le trajet de Bukakata à l'île de Bugala à Ssese est à seulement 30 minutes. Ils transportent à la fois des passagers et des véhicules et contrairement au MV Kalangala, aucune pré-réservation n'est nécessaire le long de la route de Masaka et les billets peuvent être achetés juste avant l'embarquement.

Pour vous rendre à Bukakata, vous monterez à bord d'un taxi ou en voiture de

Kampala en direction de Masaka et après avoir atteint le garage Total à Masaka, tournez à gauche et dirigez-vous vers le centre commercial de Nyendo où vous trouverez la station-service Petro. À Petro jusqu'à tourner à gauche ou demander autour de vous à l'étape et vous devrez conduire pendant environ 32 km avant d'arriver à Bukakata.

Choses à faire, Îles Ssese Kalangala

L'île de Ssese a généralement beaucoup à offrir en matière d'activités et celles-ci peuvent être réalisées dans les différentes îles. Ces activités sont faciles à organiser et peu importe que vous passiez peu de temps à l'île, car il y a une chance que vous participiez à la plupart d'entre elles. Les activités les plus pratiquées à Ssese comprennent le quad, les promenades dans les villages, la pêche sportive, les voyages d'une île à l'autre, le shopping, l'observation des oiseaux, la natation, le vélo, les promenades en boda, la faune de la région comme les bush bucks, les situngas et bien d'autres.

- **Pêche sportive**

C'est l'une des façons dont vous pouvez vous divertir à Ssese. Vous devrez toutefois d'abord obtenir un permis de pêche auprès des autorités avant de vous engager dans cette activité. Il y a beaucoup d'espèces que vous trouverez mais la plus célèbre est la perche du Nil. Notez que vous devrez venir avec du matériel de pêche et au cas où vous n'en auriez pas, vous pouvez toujours louer chez les habitants à un prix considérablement abordable.

- **Natation**

Le meilleur endroit pour nager à Ssese est le

long des nombreuses plages le long des rives du lac Victoria. Vous pouvez profiter d'un plongeon dans le plus grand plan d'eau d'Afrique de l'Est et si vous n'aimez pas la baignade, vous pouvez également profiter de la vue que les plages et le lac ont à offrir. Et si vous n'êtes pas si sûr de nager dans de telles eaux par peur de contracter des maladies, il existe plusieurs piscines où vous pourrez profiter de cette activité.

- **Île de Ngamba**

L'île de Ngamba est l'une des nombreuses îles qui composent l'archipel de Ssese et un endroit intéressant pour les touristes qui aiment les primates. C'est un foyer d'environ 50 chimpanzés qui ont été sauvés à l'aéroport international d'Entebbe des braconniers qui les faisaient sortir clandestinement du pays. Un centre a été créé pour que ceux-ci soient pris en charge grâce aux dons des sympathisants et les touristes qui visitent l'île peuvent prendre soin des primates avec l'aide des gardiens.

- **Observation des oiseaux**

L'île de Ssese abrite un assez grand nombre d'espèces d'oiseaux qui peuvent facilement être vues dans les marécages, les forêts et le long du lac Victoria. Certaines des espèces d'oiseaux que vous devriez surveiller pendant votre séjour à Ssese comprennent le bushrike de Doherty, l'aile pourpre de Shelley à ailes pourpres, les oiseaux tisserands jaunes, la cigogne à bec de chaussure, la grue huppée, le grand turaco bleu et le bec-large vert africain, entre autres. Vous aurez besoin de jumelles pour pouvoir voir clairement les oiseaux dans leur habitat naturel.

- **Promenades en bateau**

Des promenades en bateau à Ssese sont

effectuées tout au long de la journée et vous trouverez de nombreux bateaux fabriqués localement prêts à vous emmener autour du lac Victoria tout en visitant les différents sites de débarquement. Les promenades en bateau peuvent également vous emmener d'une île à l'autre pour ceux qui sont aventureux, mais n'oubliez pas d'enfiler un gilet de sauvetage avant d'en embarquer un. Une promenade en bateau à Ssese coûte environ 50 000 Ushs par heure, bien que le prix puisse facilement changer en raison de circonstances différentes.

- **Animaux et faune de l'île de Ssese**

Ssese abrite un large éventail d'animaux sauvages et ceux-ci peuvent être vus dans différentes zones autour de l'île. Certains des animaux que vous devriez surveiller sont les singes vervets qui peuvent être vus sauter d'un arbre à l'autre, les antilopes

Situnga, les chimpanzés sur l'île de Ngamba et les hippopotames qui sont mieux vus près de Mulabana dans un marais sur l'île de Bugala.

L'île est également un bon endroit pour observer les oiseaux en raison des nombreuses espèces d'oiseaux qui s'y trouvent et sans oublier les papillons qui font partie de la population totale de 7% de papillons dans le monde entier. Prenez ces jumelles et allez observer les oiseaux et les papillons à Ssese.

- **Promenades et randonnées (Sentiers)**

Il y a deux types de promenades que vous pouvez faire à Ssese qui est la promenade de la nature à travers les forêts et les promenades du village. L'île a des gens accueillants et ce ne sera pas une surprise pour eux lorsque vous vous promenez dans les différents villages de l'île où vous pourrez rencontrer et dialoguer avec les habitants.

Les promenades dans la nature à travers les forêts sont une autre expérience car vous pouvez voir les différents types d'arbres, les espèces de papillons, les insectes et les oiseaux sans oublier les animaux.

- **Profitez des fruits locaux**

Ce n'est pas une activité selon le dire, mais l'île a un grand nombre de fruits que vous devriez essayer pendant votre séjour. Les différents fruits que l'on retrouve sur l'île sont une délicatesse que tout le monde devrait goûter à tout moment de la journée. Vous trouverez des fruits comme les fruits Jack, des mangues, des oranges, des ananas, des papayes et des pastèques entre autres. Ceux-ci peuvent facilement être fournis dans l'établissement d'hébergement de votre choix ou vous pouvez vous rendre en ville et acheter les fruits tropicaux de votre choix.

- **D'île en île**

Avec les 84 îles qui composent Ssese, le saut d'île en île est l'une des activités les plus suivies. Le saut d'île en île, c'est quand vous vous déplacez d'une île à l'autre en explorant ce que chacune a à offrir. Toutes les îles ont des paysages différents qu'elles offrent de la beauté intacte des îles habitées, de la faune et des plages immaculées qui ajoutent à leur beauté. Lorsque vous arrivez à Bugala, il vous sera facile de voyager d'une île à l'autre et cela peut facilement être organisé par le personnel de l'établissement d'hébergement où vous séjournez ou vous pouvez prendre vos propres dispositions avec les guides touristiques locaux.

- **Mangez des aliments traditionnels**

L'Ouganda est généralement connu comme le panier alimentaire en Afrique de l'Est avec beaucoup d'aliments traditionnels cultivés localement dans les différentes parties du pays. Les stations balnéaires de Ssese ont un menu assez large quand il s'agit de préparer les aliments locaux, mais celui que vous ne devriez pas manquer est le poisson! Dégustez du poulet Luwombo (poulet local cuit à la vapeur dans des feuilles de bananier), du kalo (farine de mil) et d'autres aliments intéressants qui vous seront présentés. Et puisque vous restez le long de la plage, faites attention au poisson qui est préparé de toutes sortes de manières, de la friture au fumage.

- **Volley de plage**

Comme beaucoup de gens viennent sur l'île pour se détendre, c'est l'une des activités qui est offerte aux touristes dans les différentes stations balnéaires comme Mirembe, l'hôtel de plage de l'île de Ssese offre le volley-ball comme l'une des activités pour les touristes et il est préférable de le faire le matin et le soir pendant que vous regardez le coucher du soleil. Le volley-ball de plage le long des différentes plages de Ssese ne nécessite pas que vous soyez un professionnel car c'est un jeu que beaucoup utilisent comme un moyen de se détendre et de s'amuser.

- **Observation des primates (singes)**

L'observation des primates à Ssese, en particulier les singes, peut se faire dans les forêts tropicales qui couvrent une plus grande partie de l'île. Les singes vervets sont les plus populaires et on peut les voir sauter d'un arbre au nid. Les chimpanzés se trouvent sur l'île de Ngamba où ils sont pris en charge et un court voyage là-bas vous donnera l'occasion de nourrir et de répondre aux besoins des 50 chimpanzés de l'île.

- **Quad Biking**

Faire du quad à travers l'île de Ssese est une activité passionnante qui vous verra conduire à travers les forêts, les villages, les sites de pêche et dans la ville de Kalangala. Ceci est considéré comme la meilleure façon d'explorer l'île et les vélos sont toujours disponibles à un prix abordable. Vous pouvez louer un vélo et traverser Bugala tout en faisant du tourisme sur les animaux dans la forêt. Un entraînement gratuit est effectué avant le début de la session et si vous voulez profiter des balades à vélo, recherchez des pistes qui ont de la boue ou des flaques d'eau.

- **Grottes de Kalaya**

Les grottes de Kalaya sont d'une grande importance pour les Baganda, en particulier le clan Nkima (singe) des nombreux totems de la partie centrale de l'Ouganda. Les grottes Kalaya de Semuggala ou Jjaja Kiwumulo abritent de nombreux costumes traditionnels comme des lances, des tissus d'écorce, des calebasses et certains habitants croient qu'ils peuvent être guéris une fois qu'ils visitent les grottes. Il y a deux ouvertures dans la grotte, une petite utilisée comme sortie et la grande comme entrée dans les grottes. Les grottes ont également un feu qui brûle toujours tout au long de la journée et de la nuit.

- **Tourisme (Palmiers)**

Une promenade guidée détendue à travers les plantations de palmiers est ce dont vous avez besoin pour vous détendre la longue journée à Ssese. L'île possède de nombreuses plantations de palmiers qui se trouvent dans les différentes parties de l'île et une promenade à travers ces arbres vaudra votre temps. Vous serez accueillis par les propriétaires de ces plantations et ils vous feront visiter tout en vous expliquant comment ils sont cultivés, le processus de récolte des fruits du palmier et comment le palmier est fabriqué localement.

Ssese Island Hôtel & Hébergement

Lors de la planification d'un voyage, la première question qui se pose est de savoir si vous trouverez un endroit pour dormir confortablement et il en va de même pour les îles SSESE. Peu importe que vous souhaitiez les hôtels les plus luxueux ou les lodges à petit budget, car vous trouverez tout à Ssese.

Beaucoup d'îles ici ont des hébergements dispersés le long des plages immaculées donnant un regard serein à ceux qui y séjournent. Les îles offrent un hébergement qui vous donne toute l'intimité et le calme dont vous avez besoin, ceux qui organisent toujours des fêtes sur la plage et d'autres qui sont à mi-chemin entre la fête et le calme et le choix repose entre vos mains.

- **Brovad Sands Lodge**

Brovad sands lodge se trouve sur l'île de

Bugala qui est l'une des nombreuses îles qui composent Ssese. Le Broad lodge est l'escapade parfaite du centre-ville animé entouré d'une végétation verdoyante et de la plage de sable blanc. Le lodge dispose de suites diplomatiques, de villas familiales et de cottages et vous pouvez choisir ce qui fonctionnera le mieux pour vous. Le lodge est assez abordable et ils offrent également des services comme Internet, la restauration et les feux de joie le long de la plage.

- **Plage de Pearl Gardens**

Le complexe Gardens Pearl Beach se trouve à Kalangala, sur l'île de Bugala, le long de la baie de Loutoboka. Le complexe d'acres a été ouvert en 2002 et offre aux touristes l'endroit idéal pour se détendre et se détendre avec ses paysages attrayants de jardins, les plages de sable blanc environnantes et la forêt tropicale. Le complexe est une maison loin de chez soi et il a beaucoup à offrir allant de l'hébergement aux nombreuses activités menées autour de l'île.

- **Hôtel Ssese Island Beach**

L'hôtel de plage de l'île de Ssese offre aux touristes ce qu'ils veulent à un prix extrêmement abordable. C'est une bonne destination pour ceux qui recherchent un endroit pour se détendre, avoir des réunions, profiter de leur lune de miel et aussi s'amuser autant qu'ils le souhaitent. Situé le long de la route de Loutoboka, l'hôtel propose des activités comme le golf, l'exploration des animaux de l'île, des promenades dans la nature, le beach-volley et il a la plus belle vue sur les plages de sable blanc et le lac Victoria qui peut être vu dans le confort de votre chambre.

- **Mirembe Resort Plage**

Mirembe Resort Beach est situé dans la ville de Kalangala à environ 800 mètres des sites d'atterrissage et il offre un hébergement, tous les repas du petit-déjeuner, déjeuner et dîner, Internet et diverses activités aux touristes visitant l'île. Les chambres sont confortables et la nourriture va des plats internationaux aux aliments locaux et il y a un bar à aloès où vous pourrez vous détendre après les activités de la journée. Certaines des activités proposées ici comprennent la voile banane, les promenades dans la nature, le quad, la pêche sportive et les promenades en bateau.

TOP 9 DES MARCHÉS EN OUGANDA

Les marchés ougandais sont une source toute l'année de produits agricoles frais, de vieilles choses, de nouvelles choses et de divertissements gratuits. Si vous cherchez à découvrir une atmosphère authentique du marché africain, voici où vous devriez aller.

- **Marché d'Owino**

Le marché d'Owino est célèbre pour ses vêtements d'occasion, allant des vestes d'hiver et des bottes d'hiver – même si le seul endroit où vous trouverez de la neige dans le pays est sur les montagnes Rwenzori – aux robes de bal, maillots de bain et robes de mariée – vous l'appelez, il sera là. Vous y trouverez des herbes, des légumes, des fruits, une large gamme d'épices, des appareils électroménagers, des chaussures, des sacs et bien plus encore. Comme dans la zone commerciale de Kikuubo, le marché d'Owino mettra à l'épreuve vos compétences en négociation. Préparez-vous à un tir à la corde alors que les vendeurs tirent sur vos membres pour attirer votre attention - ils ont de bonnes intentions! C'est tout un labyrinthe de marché et à moins que vousne soyez déterminé à acheter ce que vous allez acheter, les vendeurs pourraient bien réussir à vous forcer à acheter quelque chose dont vous n'avez pas besoin!

- **Marché de Nakasero**

Le marché de Nakasero est bien connu pour ses produits frais de la ferme. Situé juste à la périphérie du quartier central des affaires, vous y trouverez tout, des œufs au poulet, en passant par les viandes halal, le poisson, toutes sortes de légumes, tubercules et fruits. C'est là que la plupart des restaurants de la ville de Kampala achètent leurs ingrédients. Les prix sont plus bas à l'aube, lorsque les produits sont livrés frais des fermes, et ils augmentent au fil de la journée. Obtenez-les pendant qu'ils sont frais!

- **Marché de Nakawa**

Le marché de Nakawa est à environ cinq

kilomètres de la ville de Kampala, le long de la route de Jinja, et a un peu de tout à vendre, de la nourriture aux fournitures scolaires, en passant par les vêtements et les pièces ménagères.

- **Marché principal de Mbale**

Le marché principal de Mbale est le plus grand marché de Mbale. C'est un guichet unique pour tout ce dont vous pourriez avoir besoin pour un ménage, y compris la nourriture, les vêtements et l'équipement.

- **Marché de Wandegeya**

Le marché de Wandegeya est situé dans le district scolaire et a une ambiance jeune. Ce marché abrite des boutiques, des salons, des bureaux et des vendeurs de produits frais. Il abrite également les légendaires « rolex » et « TV chicken » - les aliments de rue populaires de Kampala, qui sont respectivement une omelette avec des tomates crues et du poulet grillé mélangé avec des frites, et un assortiment de légumes tels que les choux, les tomates, les carottes et les poivrons verts.

- **Marché central de Jinja**

Le marché central de Jinja est un point de repère à lui seul. Ce marché dynamique a des vendeurs vendant de l'artisanat, de la volaille, des vêtements, des fruits et légumes, entre autres.

- **Marché de Mpanga**

Le marché de Mpanga anime la ville de Fort Portal avec ses activités. Comme pour tous les marchés, vous trouverez tout ce dont vous avez besoin ici, et plus encore.

- **Marché principal de Gulu**

Le marché de Gulu est l'un des marchés les mieux organisés du pays. Il a des commerçants traitant des herbes, des produits agricoles, de l'artisanat, des peintures, des articles ménagers et bien plus encore.

- **Marché de Bugolobi**

Le marché de Bugolobi est important sur les produits frais, l'artisanat, les denrées alimentaires et les vêtements, et sert les résidents de Bugolobi, Mbuya et les environs.

Le tourisme est une mission simple mais passionnée : inspirer les gens à aller au-delà de leurs frontières et à découvrir ce qui rend un lieu, ses habitants et sa culture spéciaux et significatifs – et c'est toujours dans notre ADN aujourd'hui. Nous sommes fiers que, depuis plus d'une décennie, des millions de personnes comme vous aient fait confiance à nos recommandations primées de personnes qui comprennent profondément ce qui rend certains endroits et communautés si spéciaux.

- **Autre centre culturel**

Vous cherchez un endroit calme et isolé pour passer votre dimanche soir? Ou, désirez-vous apprendre et expérimenter certaines des musiques et danses culturelles intéressantes de l'Ouganda? Il suffit de visiter le centre culturel Ndere où la culture ougandaise prend vie et où beaucoup de plaisir est garanti. Pendant votre séjour, vous verrez les visages excités des invités s'exclamer « wao » après des performances revigorantes à couper le souffle.

Les gens qui visitent ce centre culturel et ont toujours eu droit à de nombreux dîners-spectacles qui impliquent l'histoire du pays, mais contribuent également à la promotion des connaissances et des compétences par l'utilisation de la danse, de la musique et des histoires orales pour célébrer la riche diversité culturelle de l'Ouganda. Alors que la lune et les étoiles brillent dans le ciel, les visiteurs boivent et dînent avec des sourires colorés comme si le monde était un endroit tout à fait excitant.

Ce site dispose d'un amphithéâtre de 700 places et se trouve à Ntinda à Kampala, la capitale de l'Ouganda, à environ 2 kilomètres du Ntinda Trading Center et a été fondé en 1986 par Stephen Rwangyezi, un activiste culturel ougandais qui est également le directeur exécutif dans le but de promouvoir l'unité universelle à travers la danse, la musique et le théâtre.

Le centre a pendant de nombreuses années exécuté des danses et des chansons de différentes tribus en Ouganda et dans les pays voisins, en particulier le Rwanda, le Burundi et le Kenya et lorsque vous êtes au centre culturel de Dendere, votre soirée sera simplement remplie d'excitation lorsque vous apercevrez plusieurs artistes en robes traditionnelles divertissant le public avec des compétences inégalées en danse et en utilisation de divers instruments de musique pour divertir les invités enthousiastes.

Il y a aussi des jardins luxuriants et bien entretenus avec des espèces d'arbres abondantes faisant équipe avec des papillons, des oiseaux et d'autres attractions exceptionnelles. Il y a aussi un restaurant, une maison d'hôtes et un bar où vous pouvez prendre des collations ou un dîner copieux avec des plats principalement traditionnels pendant que la troupe vous divertit. Avec un endroit aussi intéressant, votre soirée ne devrait pas être ennuyeuse mais plutôt un délice où vous verrez plusieurs artistes en robes traditionnelles charmer le public curieux avec les mouvements érotiques autour de la taille, et les coups comprennent généralement des danses Entole, Larakaraka, Kadodi et

Nankasa.

Les spectacles passionnés et pleins d'énergie au centre culturel Ndere ont lieu tous les dimanches de 18h à 21h, vous permettant de passer votre week-end de manière rafraîchissante tandis que le mercredi est pour la narration et le vendredi sont pour la musique afro-jazz de 19h à 21h. Les prix des spectacles sont également abordables pour les habitants et les étrangers et comprennent 50 000 shillings (ou 15 dollars) pour les adultes non ougandais, 30 000 shillings pour les Ougandais adultes et 15 000 shillings pour les enfants âgés de deux à douze ans, mais les prix n'incluent pas le buffet.

Le Centre est cependant un centre névralgique rassemblant plus de 1600 groupes de l'Uganda Development Theatre Association à travers le pays comme un moyen de divertir tout en éduquant les gens à travers la musique, la danse et le théâtre. Les autres services offerts par les membres de la troupe Ndere comprennent des spectacles dans des festivals, des dîners, des remises de diplômes, des expositions, des conférences, des mariages, des fonctions d'État, des lancements et des cérémonies d'ouverture, entre autres.

À PROPOS DE L'AUTHER

PERSONNE-RESSOURCE : aarasheedmohammed@gmail.com

www.ingramcontent.com/pod-product-compliance
Lightning Source LLC
Chambersburg PA
CBHW052357220526
45465CB00003BB/1136